**イラっとさせることばを
好感度120%のセリフに変換！**

ことばの言いかえ
見るだけ
ノート

櫻井 弘
Hiroshi Sakurai

宝島社

イラっとさせることばを好感度120％のセリフに変換！

ことばの言いかえ 見るだけノート

櫻井 弘 | Hiroshi Sakurai

宝島社

言い方をかえるだけで
人間関係がもっとよくなる！

　どんな仕事にも、コミュニケーション能力は欠かせないスキルです。上司や部下とのやりとりや、チームワークで業務を行う場合、「報告・連絡・相談」は基本中の基本。日常的な挨拶をはじめ返事をしたり、お願いをしたり、意見を言ったり、謝ったり、注意をしたり……などの対話はもちろん、ほかにもメールやチャット、SNSなどコミュニケーションツールを使って、やりとりすることも当たり前になってきました。

　こうした中で、ビジネスマンとして大切なのが「ことばづかい」です。ことばというのは恐ろしいもので、使い方によって人柄が印象づけられ、間違えると人間関係にヒビが入ったり、信頼を失ったりすることがあるのです。とくに注意したいのは、悪気がなく相手をイラッとさせてしまう場合。自分では気づかないまま、失礼な言い方が当たり前になっていて、周囲との人間関係をうまく築くことができないということが多くあります。

　相手とよい関係を築くには、相手に安心感を与えることばづかいを日常的に使いこなすことが重要です。どんなときでも好印象を与える一言がとっさに出てくると、周囲から信頼を得られるようになります。言いにくいことを伝えるときでも、相手を傷つけることなく、素直に納得してもらうことができるのです。

「なんであのとき、ムッとされたのだろう」「上司とうまくいかないなぁ」「取引先とかみ合わない」、このような悩みを抱えている人は、おそらく無意識のうちに余計な一言や相手を傷つける一言、イラ立たせる話し方をしているのかもしれません。

　本書では、そうしたイラっとさせる一言を、好感度を上げる一言に言いかえるフレーズを紹介していきます。相手に好印象を与える受け答えや依頼のことば、口癖にしたい挨拶や返事、相手を傷つけない反論や断り、注意、謝罪のことばなど、ビジネスシーンのあらゆるシチュエーションを想定して、たくさんのフレーズを掲載しました。また、文字の対話としてメールで注意すべきことばづかいや、話し方のコツ、練習方法なども紹介します。

　本書を通じて「自分も嫌な気持ちにさせたかもしれない」「こういうこと、確かにある」など、自分の言動を振り返ってみましょう。少しの言いかえで、相手はもちろんあなた自身をも幸せにします。会話が楽しくなり、人間関係が今以上によくなったと感じていただければ幸いです。

櫻井 弘

相手に好かれる言い方にする

相手に好かれる言い方は「①肯定する」「②認める」「③受け入れる」が基本。
相手を尊重しながら、自分の意見もきちんと伝えることが大切です。

交渉が
うまくいったよ

部長
さすがですね！

①肯定する

「肯定する」とは、相手のいい部分を「さすが」「すごい」といったポジティブなことばで表現すること。相手にいい印象を与え、こちらの意見が通りやすい態勢に整えます。

ここはこうしたほうが
いいと思うんだ

自分では気づき
ませんでした

②認める

「認める」とは、いわゆる認識すること。先入観をもたず、相手のキャラクターや考えを肯定的に認識しましょう。否定的に認識すると、結果的に自分が嫌われてしまいます。

それは間違って
いるやり方だよ

初めて
聞きました！

③受け入れる

「受け入れる」とは、相手の意見や考えをありのままに聞き入れること。たとえ自分と異なる意見であっても否定はしません。一度受け入れてから自分の意見を相手に伝えます。

相手を自発的に動かす

相手を動かすには、相手に自ら動きたいと思わせることば選びが大切です。説得力のある言い方ができれば、相手は迷うことなく自ら行動を起こします。

自分の思いを形にするには、相手を説得する必要があります。しかし相手が仕方なく動いているのなら、説得に成功したとはいえません。相手を強引に納得させても、わだかまりが残るだけです。説得のコツは、相手に説得されていると気づかせないこと。心をつかむ上手な言い回しができれば、関係を損ねることもありません。

相手に気づいてもらう

言い方次第で、相手に気づきを与えられます。ポイントは物事を多角的に見ること。高度なテクニックですが、相手の意識を変えさせたいときに有効です。

相手の意見を受け入れるのも、交渉や議論を円滑に進める方法のひとつです。しかし、より一歩進んだ結果を出すには、さまざまな角度で物事を考える必要があります。相手に新たな視点を提示できれば、相手の認識を変えられるかもしれません。多角的な思考力を磨くためにも、常に別の視点から物事を見るよう心がけましょう。

相手に選ばせる

交渉をうまく進めたいときは、相手にNOと言わせない選択肢を用意しましょう。
相手に選ばせることで、スムーズに自分の要求を通せます。

自分の要求を一方的に押し付けてしまうと、交渉が決裂しかねません。そこで有効なのが、相手に選択肢を提示して選ばせるテクニックです。相手をお膳立てするように提示することがポイントです。それだけで、相手は「自分に選ぶ権利がある」と思うもの。相手の自尊心を満たすことで、自分の要求が通りやすくなります。

共感を得る

考え方や価値観は人それぞれ。自分の意見が100%正しいわけではありません。
自分の意見に耳を傾けてもらうには、まず相手に共感を示すことが大切です。

人が悩んだり困ったりしていると、つい自分の意見を言いたくなるもの。しかし人から一方的に意見を押し付けられれば、誰でも嫌な気持ちになります。人によっては「相談しなければよかった」と後悔するかもしれません。大切なのは、相手に共感を示すこと。相手の気持ちに寄り添った言い方ができれば、周りの信頼を得られます。

相手の負担を軽くする

人に頼み事をするのも大切な業務のひとつです。しかし、頼み方次第で断られてしまうことも。頼み事をする際は、相手の負担を軽くする工夫が必要です。

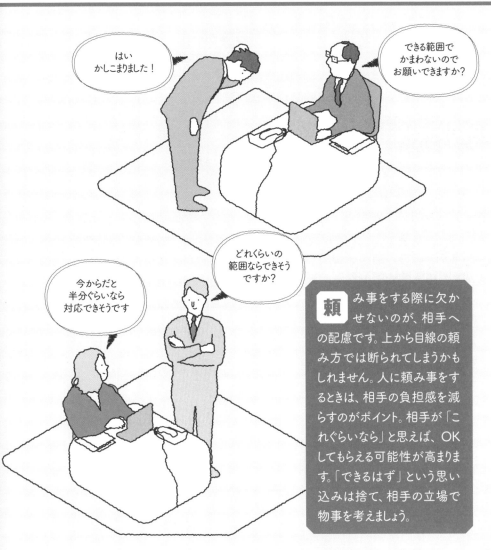

頼み事をする際に欠かせないのが、相手への配慮です。上から目線の頼み方では断られてしまうかもしれません。人に頼み事をするときは、相手の負担感を減らすのがポイント。相手が「これぐらいなら」と思えば、OKしてもらえる可能性が高まります。「できるはず」という思い込みは捨て、相手の立場で物事を考えましょう。

取りに参ります→いただきにあがります／
できたらやりますね→できるかどうか確認して連絡します ……………………………………… 27

**05 相手に安心感を与える
　　丁寧な受け答え**

いずれ検討します→検討して来週中にお返事します ………………………………………… 28
その話は知っています→私も先日知りました／
今やってるところです→現在、鋭意進めているところです ………………………………………… 29

**06 誘いに対してスマートに
　　応じるフレーズ**

いいですよ。一緒に行きましょう！→喜んでご一緒させていただきます ……………………… 30
スケジュールが合えば行きます→よろしければ、喜んでお供いたします／
もらいますね→頂戴します ………………… 31

**07 わからないときの
　　賢い受け答え**

わかりません→〇〇がわからないので教えていただけますか？ …………………………… 32
そんなことはありません→確かにそうですが／
聞いていません→初めて聞く話なのですが
……………………………………………… 33

**08 悪い印象を与えない
　　断るときのフレーズ**

できません→いたしかねます ……………… 34
この話はなかったことにしてください→今回は見送らせてください／
今ちょっと忙しいんで…… →今週は厳しいですが来週でしたら ……………………………… 35

**09 よい印象を与える
　　ほめられたときの受け答え**

そんなことないですよ→これ、〇〇だったんです
……………………………………………… 36
そんなそんな→ありがとうございます。〇〇さんのご指導のおかげです！／
まぐれですよ→〇〇さんに比べたらまだまだです
……………………………………………… 37

イラっとさせることばを
好感度120％のセリフに変換！

ことばの言いかえ
見るだけノート
Contents

はじめに …………………………………… 2

イラっとさせないことばの
言いかえテクニック

…………………………… 4

Chapter1
感じよく聞こえる
受け答え

01 品よく返す基本的な返事

はいはい→はい、かしこまりました！ ……… 20
OK です→承りました／
なるほど→今の話よくわかりました ………… 21

**02 知性を感じさせる
　　意思を伝える受け答え**

どっちでもいいです→おまかせします ……… 22
大丈夫だと思います→異存ありません／
楽勝です！→おまかせください ……………… 23

**03 そつなく返す
　　社交辞令の受け答え**

わかります→お察しします …………………… 24
へぇ、そうなんですね→気づきませんでした／
それはガッカリですね→そんなことがあったんですか …………………………………………… 25

**04 承認する際の
　　スマートな受け答え**

わかりました→かしこまりました ………… 26

10 サラリと相手を立てる
ほめるときの受け答え

見直しました！→すごいとは伺っていましたが、
ここまでとは！ 想像以上でした …………… 38
なかなかですね→すばらしいです／
優しいですよね→そこまで気が回らないですよね
………………………………………………… 39

Column 01
好感度がアップする
電話応対のフレーズ ……………………… 40

Chapter2
失敗しがちな
依頼・お願い

01 よく使う
依頼のフレーズ（基礎編）①

これ、やっておいて→〜お願いできるかな？
………………………………………………… 44
〜してほしいんですが→〜していただけると助か
ります／
なるべくお願いします→差し支えなければお願
いします ……………………………………… 45

02 よく使う
依頼のフレーズ（基礎編）②

めんどくさくない範囲で→ご面倒でなければ
………………………………………………… 46
暇なときでいいので→できると助かります／
できれば早めにお願いします→今月末までにお
願いします …………………………………… 47

03 相手を困らせない
依頼のフレーズ

なんとかなりませんか？→ご配慮願えませんか
………………………………………………… 48
これくらいならできるよね？→この仕事をあなた
にお願いしたいです／
〜してもらうことって可能ですか？→〜してもらえ
ますか？ ……………………………………… 49

04 確認してほしいときの
依頼のフレーズ

読んでおいてください→ご一読いただけると幸
いです ………………………………………… 50
届いたら確認しておいてください→ご査収くだ
さい／
考えておいてもらえませんか？→ご一考いただき
たく存じます ………………………………… 51

05 言いづらいことを
お願いするときのフレーズ

延ばせませんか？→ご猶予をいただけるとありが
たいのですが ………………………………… 52
難しいと思うのですが→お願いするのは忍びな
いのですが／
絶対○○してください！→○○していただけるよ
う、切に願います …………………………… 53

06 急なお願いをするときの
フレーズ

失礼な話なんですけど→不躾なお願いで恐縮
ですが ………………………………………… 54
ついでにお願いしたいんだけど→この件も追加
でお願いできますか？／
ちょっといいですか？→2分だけお時間あります
か？ …………………………………………… 55

07 迷惑をかけてしまうときに
使いたいフレーズ

本当にお願いします→伏してお願い申し上げます
………………………………………………… 56
遅くなっちゃいましたが→夜分に恐れ入りますが／
お休みでしたよね？→お休みのところ申し訳ござ
いません ……………………………………… 57

08 許してもらいたいときに
使いたいフレーズ

許してください→ご容赦ください ………… 58
きついと思いますが→勝手を申し上げますが、
ご理解いただけると幸いです／
わかってください→お汲みとりください ……… 59

09 一方的にならない
　　教えてほしいときのフレーズ
教えてもらえません?→お教えいただけます?
‥‥‥‥‥‥‥‥‥‥‥‥‥‥‥‥‥‥ 60
ちゃんと教えてください→ご指導のほどお願いします／
しっかり説明してくれませんか?→ここは、具体的におっしゃいますと‥‥‥‥‥‥‥‥‥ 61

10 やんわりと注意しながら
　　お願いするときのフレーズ
気をつけてください→ご留意ください ‥‥‥‥ 62
ちゃんとしてください→この作業は〇〇までやってください／
もっとスピード上げてください→〇〇さんが気をもんでいらっしゃいますよ ‥‥‥‥‥‥‥‥ 63

11 悪い印象を与えない催促
　　するときのフレーズ
入金してくれますか?→行き違いかもしれませんが、ご入金がまだのようです ‥‥‥‥‥‥ 64
早くやってもらえませんか?→急かすようで申し訳ありませんが／
お返事まだですか?→期日が迫ってまいりまして
‥‥‥‥‥‥‥‥‥‥‥‥‥‥‥‥‥‥ 65

Column 02
人を動かす
3つの基本 ‥‥‥‥‥‥‥‥‥‥‥‥‥ 66

Chapter3

知らず知らず
イラっとされる
挨拶と会話

01 よく使う仕事場での
　　ちょっとした一言
ご苦労様でした!→お疲れ様でした! ‥‥‥‥ 70
お先です!→お先に失礼します／
何ですか?→お呼びでしょうか? ‥‥‥‥‥ 71

02 好感度がアップする
　　相手を立てるフレーズ
大変そうですね→仕事が忙しいんですね ‥‥‥ 72
勉強になりました!→〇〇の話がとくに参考になりました／
今日はいい感じですね!→今日も素敵ですね!
‥‥‥‥‥‥‥‥‥‥‥‥‥‥‥‥‥‥ 73

03 相手をムッとさせない
　　報・連・相のフレーズ
いい感じです!→もう一歩で了解をいただけそうです ‥‥‥‥‥‥‥‥‥‥‥‥‥‥‥ 74
以前にもメールしましたが→何度も申し訳ありませんが／
以前と違いますが→変更してもよろしいのですね? ‥‥‥‥‥‥‥‥‥‥‥‥‥‥‥ 75

04 仕事で差がつく
　　説明するときのフレーズ
これなんですけど‥‥‥ →〇〇の件で3分お時間よろしいでしょうか? ‥‥‥‥‥‥‥ 76
～となりますが、わかっていますよね?→共有していただいていますか?／
当然かと思いますが→みなさんご存知かと思いますが ‥‥‥‥‥‥‥‥‥‥‥‥‥‥ 77

05 ことば足らずにならない
　　交渉時のフレーズ
そのとおりです→おっしゃるとおりです ‥‥‥ 78
この書類がないと進められないのですが→この書類を用意していただければ／
安くしたいんですか?→コスト面にネックがありますでしょうか? ‥‥‥‥‥‥‥‥‥ 79

06 口癖にしたくない
　　損をするフレーズ
要するに〇〇でしょ?→そうなのですか ‥‥‥ 80
私って〇〇の人なんで→私は〇〇なんです／
でも、逆に→それで言うと ‥‥‥‥‥‥‥ 81

07 嫌な印象を与えない
　　前置きのフレーズ
自慢話ではないんですが→自慢話を聞いてくれる? ‥‥‥‥‥‥‥‥‥‥‥‥‥‥‥ 82

あなたのためを思って言うけど→私はこうしたほうがいいと思う／
私の独断と偏見ですが→私の見方（考え方）は
.... 83

Column 03
ビジネスでは避けたい
NGフレーズ 84

Chapter4
言い方を間違えると
炎上しがちな
反論・意見

**01 相手を傷つけずに
否定するフレーズ①**
違うんじゃないですか→おことばを返すようですが、私の考えは…… 88
それはやめたほうがいいです→私は〇〇の理由で、こうしたほうがいいと思います／
これじゃダメです→納得いたしかねます
.... 89

**02 相手を傷つけずに
否定するフレーズ②**
こうしてください→〜していただけますか？ 90
よくわかりません→私の理解不足かもしれませんが／
お互い意見が合いませんね→価値観が違うようですね 91

**03 やわらかく意思を
伝えるフレーズ①**
そんなこと言っていません！→内容に齟齬があるようですが 92
そんなつもりはなかったんですが→そういう認識はしていませんでした／
ご存知ないかもしれませんが→ご存知とは思いますが 93

**04 やわらかく意思を
伝えるフレーズ②**
少々言いづらいのですが…… →自分のことを棚に上げて言いづらいのですが 94
話が長くないですか→手短にお願いします／
何を言いたいのかわからないのですが→要約させていただくと 95

**05 強く言い返したいときの
便利なフレーズ**
前に言ったことと違うじゃないですか！→ご指示いただいたとおりに進行していますが …… 96
そっちがやるべきことでしょ？→そちらが対応するのが筋では／
ちゃんとしてください！→適切な処置をお願いします 97

**06 質問の形式で
反論をするフレーズ**
要するに何が言いたいんですか？→いちばん言いたいことは何でしょうか？ 98
結局こういうことですか？→こういう理解でよろしいでしょうか？／
それってどうなの？→いくつか確認しておきたい点があるのですが…… 99

**07 言い訳にならないように
伝える便利なフレーズ**
みんなそう言っていますよ→私は〇〇だと思います
.... 100
そう言われましても→ごもっともですが／
言い訳ではないんですが→言い訳をさせていただくと 101

**08 角を立てずに伝える
便利なフレーズ**
この点はよくないですよ→この点はよくないと思う人もいると思いますよ 102
結論が先送りじゃないですか！→曖昧な状態は、お互いに好ましくないと思うのですが／
納得できないんですけど→腑に落ちない点があるのですが 103

09 相手に理解を求める
　　ときのフレーズ

こういう状況ですので→事情をお察しいただけ
ると ………………………………… 104
これだけはわかってほしいのですが→用件のみ
お伝えしますと／
もう一回言いますと→念のためもう一度説明さ
せていただきます ………………………… 105

Column 04
伝え方がうまくなる
7つの実践スキル ……………………… 106

Chapter5
怒りを増幅させない
報告と謝罪の仕方

01 誠意が伝わる謝罪の
　　フレーズ

ごめんなさい→肝に銘じます …………… 110
本当に申し訳ない！→お詫びのことばもござい
ません／
今回はすみませんでした→このたびはお騒がせ
いたしました ……………………………… 111

02 深い反省を伝える
　　お詫びのフレーズ

失敗してしまいました→失態を演じてしまいました
………………………………………… 112
反省しています→猛省しています／
言い訳してもしょうがないんですけど→申し開き
できません ………………………………… 113

03 トラブルが起こったときに
　　使うフレーズ

週明け、お詫びに伺います→お詫びに伺いた
いので、本日お時間いただけますか？
………………………………………… 114

こんなことになるとは思いませんでした→そこま
で重要性を把握できていませんでした／
以後、気をつけます→心から反省し、以後こ
のようなことがないよう気をつけます ……… 115

04 大人の対応で事情を説明する
　　ときに使う便利なフレーズ

説明したと思うんですけど→私のことばに意を
尽くした説明ではないところがございました
………………………………………… 116
ちゃんとやったつもりだったんですが→理解して
いるつもりでしたが、あってはならないことでした／
私のせいではないのですが→やむなく○○のよ
うな状況に至った次第です ……………… 117

05 きちんと伝わる
　　クレーム対応時の謝り方

大変な思いをさせてしまい→混乱させてしまい
………………………………………… 118
迷惑をかけて→お気を悪くされましたら／
そういう意図はなかったんです→このような結果
を招いたのは本意ではありません ………… 119

06 うっかりミスを
　　謝るときのフレーズ

気づきませんでした→私の認識不足で申し訳あ
りません ………………………………… 120
うっかりしていました→私の不注意です／
自分のせいです→こちらの手違いでした
………………………………………… 121

07 期待に応えられず謝るときの
　　信頼を得るフレーズ

いやー、無理でした→自分の勉強不足がよくわ
かりました ……………………………… 122
残念ですね→さぞかしガッカリなさったかと／
また頑張ります→これに懲りず今後ともお願い
いたします ……………………………… 123

Column 05
これだけは覚えておきたい
マジック・フレーズ ……………………… 124

Chapter6
人間関係に水をささないNOの伝え方

01 相手を不快にさせずに断るフレーズ

それは無理です→今回は見送らせてください
······················· 128
そんなのできません→いたしかねます／
私には無理です→私にはまだそのスキルがなく荷が重いです ······················· 129

02 相手の意向に従えないときやんわり断るフレーズ①

お受けできません→承服しかねます ········ 130
そういう仕事はできません→ほかのことでしたら······／
規則なんで→事務的な言い方で恐縮ですが
······················· 131

03 相手の意向に従えないときやんわり断るフレーズ②

従えません→お受けいたしかねます ········ 132
難しいと思います→お話は承りました／
もう無理です→ご容赦いただけませんでしょうか？······················· 133

04 相手の気持ちを汲んで丁重に断るフレーズ

また今度お願いします→けっこうなお話でございますが ······················· 134
無理でした→お役に立てず残念でなりません／
今回だけは→事情をお察しいただき
······················· 135

05 やむをえず要望に応えられず断るときのフレーズ

なんとかしたいんですが→ご意向にお応えできず
······················· 136

いろいろ考えたのですが→検討に検討を重ねたのですが／
今は無理でして→心苦しいのですが ······· 137

06 スケジュールを理由に断るときのフレーズ

その日は無理です→別件の予定が入っておりまして ······················· 138
予定があるので参加できません→あいにくはずせない用件がありまして／
今ちょっと忙しいんで→物理的に難しい状況でして ······················· 139

07 遠慮して断るときに使う大人の言い回し

難しいと思うのですが→私どもでは力不足で
······················· 140
見送らせてください→今回は辞退させていただきます／
いい話なんですが→けっこうなお話ですが
······················· 141

08 相手を上手にかわすときの便利なフレーズ

また声をかけてください→また何かございましたら、お願いいたします ······················· 142
結構です→とりあえず、ひとりでやってみます／
あの予定はキャンセルになりました→急きょ変更がございまして ······················· 143

Column 06
ビジネスで使いこなしたい
改まり語・敬称一覧 ······················· 144

Chapter7
ネガティブを
ポジティブにかえる
ほめ方・叱り方

01 自己中心的な人に対して
うまくかわす便利なフレーズ
独りよがりだな！→自分の考えに自信をもっているようだね ………… 148
強引だな→君の意見も捨てがたいけど／
頑固だね→意志が強いね
…………………………………………… 149

02 作業が遅いときに
嫌な印象を与えないフレーズ
要領悪いな！→ちょっとマイペースすぎるぞ
…………………………………………… 150
のんびりしているな！→余裕をもって仕事しているね／
仕事が遅いね→仕事が丁寧だね ………… 151

03 判断が遅いとき相手を
怒らせずに注意するフレーズ
優柔不断すぎるぞ！→思慮深いのはけっこうだけど ……………………… 152
時間がかかっているみたいだけど→慎重な作業ですね。何時までかかりそうですか？／
まだやらないんですか？→今がいちばんいいタイミングだと思います ……………… 153

04 無責任な人へ
うまく切り返すフレーズ
部長に言われたくはない→部長をお手本にしているもので ……………………… 154
言うことが矛盾している→細かいことにこだわらない／
責任転嫁してくる→頼りにしてくれる ……… 155

05 つい言ってしまいたくなる
注意の言い回し
うるさいな→元気いいね ………………… 156
しつこい→粘り強い／
細かいなぁ→緻密ですね ………………… 157

06 相手の弱みを
強みにかえる言い回し
気弱で頼りないな→君はとても優しいね
…………………………………………… 158
おとなしいですね→物静かで協調性のある人なんですね／
自信もって！→もっと好きにやっていいんだよ
…………………………………………… 159

07 相手をやんわりと
注意する言い回し①
せっかちだね→頭の回転が速いね ……… 160
遠慮がない→堂々としているな／
信念がないね→考え方が柔軟だね ……… 161

08 相手をやんわりと
注意する言い回し②
行き当たりばったり→臨機応変 ………… 162
不器用→地道に頑張る／
約束を守らない→マイペース …………… 163

09 人間関係が丸くなる
大人の言い回し
一貫性がない→状況をよく見ている ……… 164
脇が甘い人→人の話をよく信じる素直な人／
消極的→堅実で安心できる ……………… 165

Column 07
見た目の印象をよくする
3つの実践 …………………………… 166

Chapter8
偉そうにならない
メールの書き方

01 一方的な押し付けに
ならないお願いのフレーズ

ご承知おきください。→ご了承のほどお願い申し上げます。 ………… 170
○○中にご回答いただけますでしょうか？→お忙しいところ恐縮ですが、ご回答をいただけますと幸いです。／
〜してください。→〜していただけますか？
 ………………………………………… 171

02 ストレートな言い方を
やわらかくする
便利なフレーズ

内容が薄いのでよくわかりません。→○○の点はブラッシュアップが必要かと思います。
 ………………………………………… 172
先日もお伝えしましたが、→説明がわかりづらくて失礼しました。／
ご理解いただけましたか？→ご不明な点がございましたら、なんなりとお問い合わせください。
 ………………………………………… 173

03 相手を焦らせない
上手な催促のフレーズ

連絡してください。→ご連絡をお待ちしております。ご一報いただけないでしょうか。 ……… 174
どんな状況ですか？→いかがなりましたでしょうか？　ご確認いただけますでしょうか？／
教えてください。→教えていただけませんか。ご教示いただければ幸いです。 …………… 175

04 上から目線にならない
感じのよいフレーズ

予算はいくらでやってもらえるのでしょうか？→ご予算はいかほどでしょうか？ ………………… 176
感心しました。→感激しました。／
気長にお待ちいただけると幸いです。→今しばらくお待ちいただけると幸いです。 ………… 177

05 曖昧な文章にならない
便利なフレーズ

〜がよいかもしれません。→〜はいかがでしょうか？ ………………………………………… 178
と思います。→する予定です。／
とみられます。→見込みです。 …………… 179

06 日程調整時に
使いたいフレーズ

いつにしましょうか？→来週はいかがでしょうか？
 ………………………………………… 180
その日は行けません。→あいにく予定があり伺えません。／
明日、問い合わせていただきます。→明日、伺います。
 ………………………………………… 181

07 知らないと恥ずかしい
敬語のフレーズ

企画書を見られましたか？→ご覧になりましたか？ ……………………………………… 182
お越しになられますか？→お越しになりますか？／
入られましたか？→いらっしゃいましたか？
 ………………………………………… 183

08 気をつけたい
ビジネス用語

エビデンス→証拠（議事録・契約書） …… 184
プライオリティ→優先順位／
FB→フィードバック ……………………… 185

09 相手に伝わる
記号と表記の使い方

よろしくお願いします (^ ▽ ^)/ →よろしくお願いいたします。 ……………………………… 186
昨日はありがとうございました!!→昨日はありがとうございました。（感嘆符を多く使わない）／
有難う御座います。→ありがとうございます。（漢字を多く使わない） ………………………… 187

Column 08
これだけは気をつけたい
メールの書き方 ……………………………… 188

主要参考文献 ……………………………… 190

Chapter

1

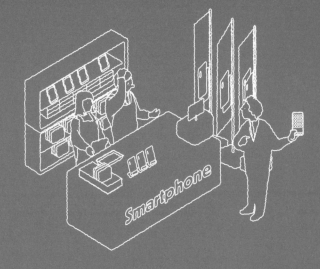

KOTOBANO
IIKAE
mirudake note

感じよく聞こえる

受け答え

上司や取引先からの依頼・お礼などへの受け答えや、とっさの返事ひとつで相手への印象は大きく変わります。普段の何気ない瞬間こそ、丁寧なことばづかいをすることで相手へよい印象を与えることができます。ビジネスシーンで必ず身につけておきたいことばづかいを紹介します。

01 品よく返す 基本的な返事

会話はことばのキャッチボールです。深く考えずに返事のことばを選んでいる
かもしれませんが、選んだことばによっては相手は不快感を覚えます。品位を
感じさせることばで、好印象を与えましょう。

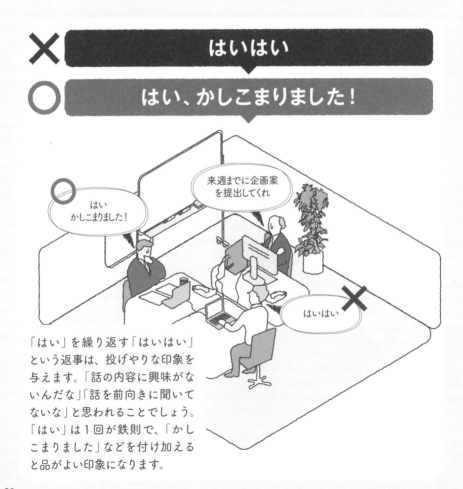

× はいはい

○ はい、かしこまりました！

来週までに企画案
を提出してくれ

○ はい
かしこまりました！

× はいはい

「はい」を繰り返す「はいはい」
という返事は、投げやりな印象を
与えます。「話の内容に興味がな
いんだな」「話を前向きに聞いて
ないな」と思われることでしょう。
「はい」は１回が鉄則で、「かし
こまりました」などを付け加える
と品がよい印象になります。

OKです

承りました

※悪い例

頼み事をされたときの返事が「OKです」だと、軽い印象や不真面目な印象を与えます。頼み事をちゃんとやってもらえるか相手に不安も感じさせることでしょう。きちんと対応することを表す「承りました」などを使ってください。

なるほど

今の話よくわかりました

※悪い例

あいづちで使いがちな「なるほど」ですが、相手への敬意を表したいなら「今の話よくわかりました」などのフレーズがいいでしょう。「なるほど」だけだと、言われたことばをどのように受け止めているのかが、相手に伝わらないという問題があります。

02 知性を感じさせる 意思を伝える受け答え

さまざまな状況で、相手から意見を求められることがあります。同じような内容のことを答えるとしても、ことばの選び方ひとつでコミュニケーションに失敗してしまうことがあります。適切なことばで誤解を避けてください。

✕ どっちでもいいです

◯ おまかせします

食事をごちそうになるときに「和食と洋食、どっちがいい？」と聞かれて、「どっちでもいいです」と答えると、感謝や喜びの気持ちが相手に伝わりません。とくに希望がなく、相手にゆだねるのならば、「おまかせします」と言いましょう。

大丈夫だと思います

 異存ありません

> この件はこれで
> 進めて大丈夫だね?

> たぶん大丈夫
> だと思います

> 自信ない
> のかな?

※悪い例

仕事の内容などに関して意見を求められた際に、「大丈夫だと思います」と答えると、相手に曖昧で自信がない印象を与えてしまうかもしれません。「異存ありません」のほうが、問題がないという意思を明確に伝えることができます。

 楽勝です!

 おまかせください

> 超簡単だから
> 楽勝ですよ!

> 来週までに
> やってほしい
> んだけど
> 大丈夫?

> 本当かな?

※悪い例

依頼された仕事が簡単な内容だったとしても「楽勝です!」といった返答をすると、仕事を軽く見ていると依頼主から判断されてしまいます。「おまかせください」などと返答すれば、真面目に仕事に向かい合っていることが相手に伝わります。

03 そつなく返す
社交辞令の受け答え

相手の話を聞いているときに、上手にことばを選べば相手への共感を示すことができます。しかし、ことば選びに失敗すると、共感を示すどころか、相手から「知った口をきくな！」と反感をもたれてしまう危険性があります。

×　わかります

○　お察しします

課長のご苦労
お察しします

部長に無理難題
を言われてさあ……

わかります！
僕もそんな経験
ありますよ。同じですね

目上の人のグチを聞く場合、相手の話すことを否定しないことが重要ですが、「わかります」とあいづちを打つと、「お前に何がわかるんだ」と気分を損ねられてしまうかもしれません。「○○さんのご苦労、お察しします」といった丁寧な言い方で共感を伝えましょう。

へぇ、そうなんですね

気づきませんでした

私の愛車 あの有名人の車と 同じなんだよ

へぇ そうなんですね

※悪い例

あいづちとして「気づきませんでした」「さすがですね」は便利なフレーズです。相手の鋭さや知識などをほめ、話題に関心をもっていることを示すことができます。「へぇ、そうなんですね」では、そういった印象を与えることができません。

それはガッカリですね

そんなことがあったんですか

ずっと温めてた 企画をパクられ ちゃったんだよ

最悪じゃないですか ガッカリですね

本当にそう 思っている のかな?

※悪い例

相手のグチに共感や同情を示そうとして「ガッカリですね」と言うと、傷口に塩を塗ることばになってしまう危険性があります。余計なニュアンスを付け加えずに、相手の言った内容をそのまま返すようにあいづちを打つとよいでしょう。

04 承認する際の スマートな受け答え

頼み事をされて、それを引き受ける場合は、自分の意思をはっきりと伝えたり、丁寧に伝えたりするためにしっかりとことばを選ぶべきです。その場で答えを出せない場合も、そのことを相手に伝えなければいけません。

✕ わかりました

〇 かしこまりました

〇 かしこまりました
早速お持ちします

このシャツの違う
サイズを出して

✕ わかりました

頼み事に対してイエスという意思を伝えることばとして「わかりました」や「いいですよ」は間違っていませんが、より丁寧な印象を与えたいなら「かしこまりました」などのほうがふさわしいです。続けて「早速○○します」と言えば、意思をさらに強く表現できます。

✕ 取りに参ります

◯ いただきにあがります

荷物を引き取りに
来てほしいんだけど

はい、今から
取りに参りますね

※悪い例

何かを受け取りに行く
場合、「取りに参ります」
は参るという謙譲語を
使っていますが、肝心
の「取る」に敬語が使わ
れていないので、かえっ
て乱暴な印象を与えて
しまいます。「いただき
にあがります」「いただ
きに参ります」と言うよ
うにしましょう。

✕ できたらやりますね

◯ できるかどうか確認して連絡します

このスケジュール
もう少し早く
なりませんか?

できたら
やるようにします

※悪い例

すぐにその場で答えが
出せない場合、「できた
らやります」「考えてお
きます」はよくない返答
です。「確認して連絡し
ます」と、検討して返
答することをしっかりと
伝えましょう。「できる
と思います」と思わせ
ぶりな返事をするのも
よくありません。

05 相手に安心感を与える 丁寧な受け答え

会話の中でのことば選びを間違えることによって、相手を不安にさせてしまうことがあります。適切なフレーズを使うことで相手に安心感を与えて、コミュニケーションを快適なものにしましょう。

× いずれ検討します

○ 検討して来週中にお返事します

これは遠回しに断ってるんだな

× 社に持ち帰って検討しますね

○ 検討して来週中にお返事いたします

これは本当に検討してくれるんだな

商談などの場で「検討します」は遠回しな断りの文句として使われることがあります。本当に検討する場合、先方に誤解されないように、「検討して来週中にお返事します」などと返事をする日程も伝えて、社交辞令ではないと理解してもらいましょう。

✕ その話は知っています

◯ 私も先日知りました

A社で人事異動が
あって営業部長の
Bさんが……

その話なら僕だって
知ってますよ！

※悪い例

会話の途中で、自分が知っている話題が出ても「その話は知っています」と相手の話の腰を折るのはよくありません。知識をひけらかすのではなく、「私も先日知りました」などと相手の話を受け止めて、相手に話の先を促しましょう。

✕ 今やってるところです

◯ 現在、鋭意進めているところです

納期が近いけど進み
具合はどうですか？

今やってる
ところです

本当は全然進んで
ないんじゃないの？

※悪い例

仕事の進み具合などを聞かれたときは「今やってるところです」という返事より、「現在、鋭意進めているところです」「鋭意とり行っております」などのフレーズのほうが大人のうまい言い回しになり、相手に安心感を与えることができます。

06 誘いに対して スマートに応じるフレーズ

目上の人から食事などに誘われることがあります。承諾する場合でもことばの選び方を間違えると、せっかくこちらに好意をもってくれていた相手に不快感を与えてしまうかもしれません。喜びや感謝が伝わるフレーズを使いましょう。

✕ いいですよ。一緒に行きましょう!

○ 喜んでご一緒させていただきます

目上の人に会食に誘われたとき、「いいですよ。一緒に行きましょう」などと返事をすると、「一緒に行ってあげる」という上から目線のニュアンスで相手に伝わってしまいます。「喜んでご一緒させていただきます」と返事をすれば、喜びや感謝が伝わります。

スケジュールが合えば行きます

よろしければ、喜んでお供いたします

来月展示会があるので行きませんか？

スケジュールが合えば行きます

※悪い例

「スケジュールが合えば行きます」という返事は、後ろ向きなニュアンスが感じられ、相手からは遠回しな断りだと受け取られます。「私でよろしければ、喜んでお供いたします」といったことばを使うことで、積極的な気持ちを伝えましょう。

もらいますね

頂戴します

旅行に行ってたのでお土産です

もらいますねおいしそ〜

失礼な人だわ……

※悪い例

目上の人からのプレゼントを受け取るときのことばとして、「もらいます」は不適切です。敬語ではないので、失礼な印象を与えてしまいます。自分がへりくだる謙譲語を使った「頂戴します」を使えば、品がよい印象をもってもらえます。

07 わからないときの賢い受け答え

知ったかぶりをするのはよくありませんが、仕事において、ただ「わかりません」「知りません」「聞いてません」と答えるのは避けたほうがいいでしょう。そういう場合でも適切なフレーズがあるのです。

 わかりません

 ○○がわからないので教えていただけますか?

仕事上でわからないことがあった場合、トラブルを避けるためにも正直にわからないと言うべきです。ですが、「わかりません」とだけ答えるとやる気がないと受け取られる危険性があります。「教えていただけますか」と付け加えればやる気を示せます。

そんなことはありません

 確かにそうですが

> そんなことは
> ありません

> ここはAのほうが
> 実現性があって
> いいでしょう！

※悪い例

相手から投げかけられたことばに誤りがあっても、「そんなことありません」と即座に否定することは避けましょう。「確かにそうですね」と相手のことばを受け入れた状況をつくってから自分の意見を述べれば、理解してもらいやすくなります。

 聞いていません

 初めて聞く話なのですが

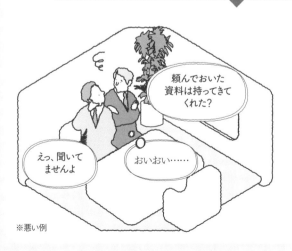

> 頼んでおいた
> 資料は持ってきて
> くれた？

> えっ、聞いて
> ませんよ

> おいおい……

※悪い例

上司のミスで自分に連絡事項が伝わっていないことがあります。そんなとき「知りませんでした」と言うと、ただの言い訳や責任転嫁に聞こえてしまいます。「初めて聞く話です」と言い方をやわらかくして、連絡がなかったことを伝えましょう。

08 悪い印象を与えない断るときのフレーズ

何か頼み事をされたけれど、いろいろな事情があって断らなければいけないときがあります。そんなときでも、適切なフレーズを使えば、相手に悪い印象を与えず、良好な関係を維持することができます。

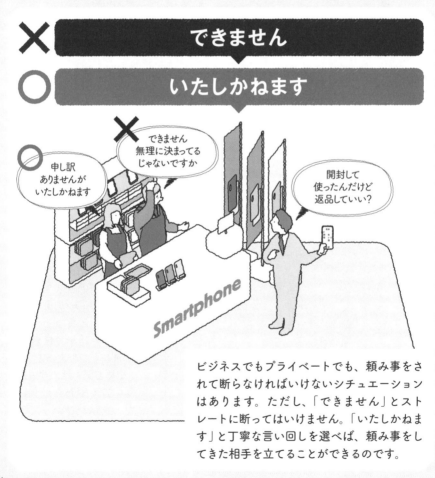

ビジネスでもプライベートでも、頼み事をされて断らなければいけないシチュエーションはあります。ただし、「できません」とストレートに断ってはいけません。「いたしかねます」と丁寧な言い回しを選べば、頼み事をしてきた相手を立てることができるのです。

この話はなかったことにしてください

 今回は見送らせてください

なかったことに
してください

先日の弊社からの
提案ですが
いかがでしょうか?

もう我が社と
付き合う気は
ないんだな……

※悪い例

断る場合でも、相手と良好な関係が続くようにしたほうがよいでしょう。「この話はなかったことにしてください」だと今後の可能性は感じられませんが、「今回は見送らせてください」なら、相手は次回の可能性を感じることができます。

 今ちょっと忙しいんで……

 今週は厳しいですが来週でしたら

今ちょっと忙しいから
無理ですね

一度お伺い
してご挨拶
させてください

※悪い例

「忙しいんで」とだけ言って断ると、本当に忙しいのか、ただの言い訳なのか、言われた側は判断できません。「今週は厳しいですが来週でしたら」などと日にちを提案すれば、スケジュールの都合がつけば断らないとアピールできます。

09 よい印象を与える ほめられたときの受け答え

謙遜は美徳と考えられていますが、あまりに謙遜しすぎると嫌みに聞こえます。また、相手のほめことばを否定し続けると、かえって失礼になります。ほめられたときは、きちんとした返答のフレーズを活用しましょう。

✕ そんなことないですよ

○ これ、〇〇だったんです

ありがとうございます これ、父からゆずってもらったんです

そんなことないですよ 大したネクタイじゃないです

素敵なネクタイですね

ほめられた際に「そんなことないですよ」と謙遜するのがマナーと考える人も多いかもしれませんが、ほめてもらったのに否定ばかりするのは逆に失礼になることもあります。むしろ、「これ、〇〇だったんですよ」とほめられたことをきっかけに会話を広げましょう。

36

✕ そんなそんな

○ ありがとうございます。○○さんのご指導のおかげです！

> そんなそんな

> A社との契約がとれたのは君の手柄だね

※悪い例

仕事を上司にほめられたときは、「○○さんのご指導のおかげです」「課長のおかげで成功しました」などと上司に感謝を述べましょう。「そんなそんな」と謙遜するよりも、上司はあなたに好印象をもちます。

✕ まぐれですよ

○ ○○さんに比べたらまだまだです

> あなたが主導したプロジェクトが成功したそうですね

> ありがとうございますでも、○○さんに比べたらまだまだです

※よい例

目上の人にほめられたときに使える返答の1パターンが、「○○さんに比べたらまだまだです」。謙遜の意味合いもあるフレーズですが、謙遜するだけでなく、ほめてきた相手をほめ返して、相手をよい気分にさせている点がポイントです。

10 サラリと相手を立てる ほめるときの受け答え

ほめられて嫌な気分になる人はめったにいませんが、適切なフレーズを選ばないと、相手に不快感を与えてしまいます。ほめているつもりで相手に失礼なことを言わないように気をつけてください。

「見直す」は、それまで低かった認識を改めたといった意味なので、気を悪くする人もいます。「想像以上でした！」というフレーズなら、高かった評価がさらに上がったという意味なので、相手も悪い気がしません。

× **なかなかですね**

○ **すばらしいです**

先輩のスイング
なかなかですね

なんで上から
目線なんだよ

※悪い例

ほめことばのフレーズを選ぶときは、上から目線にならないように気をつけましょう。「なかなかですね」などは、相手の実力に点数をつけるニュアンスがあり失礼です。「すばらしい」「すごい」など、純粋なほめことばを使ってください。

× **優しいですよね**

○ **そこまで気が回らないですよね**

優しいですよね

当たり前の
ことだけど……

※悪い例

「優しいですね」はほめことばとしてありふれています。ほめられる側としても言われ慣れていて、心に残らないでしょう。「そこまで気が回らないですよね」のように具体的にほめると、相手の気のつかい方のすばらしさが、より際立ちます。

好感度がアップする
電話応対のフレーズ

電話口での第一印象がよくないと、会社そのもののイメージも悪くなってしまいます。
相手に好感をもたれる電話応対のフレーズを紹介します。

❶担当者が不在のとき

✕ ○○は今社内にいないのですが……

◯ ○○はただいま外出しておりまして、
戻りは○時ごろの予定です。

こちらの担当者が外出などで不在だった場合、基本的には担当者がいつ会社
に戻るのか説明し、「折り返しお電話いたします」と申し出るのがマナー。「ご
伝言を承りましょうか」など今後の対応を確認してもいいでしょう。

❷担当者が帰宅後だったとき

✕ すみません、○○は帰宅しました。

◯ 申し訳ございません。
○○は本日失礼させていただきました。

「帰宅しました」とそのまま伝えるのは私的な様子が強調されるため NG。「退
社しました」ということばも「会社を辞めた」と間違われてしまう場合もあり注意
が必要です。「失礼させていただきました」がベストな言い方になります。

❸担当者が遅刻しているとき

✕ 申し訳ありません。〇〇が遅刻していまして……

〇 〇〇は本日立ち寄るところがありまして、
　〇時ごろの出社予定です。

そのまま「遅刻している」と伝えるのはNG。外出しているという理由で、取引先に向かっているようなニュアンスで伝えると印象が悪くありません。出社時間がわかる場合は予定時間を伝えましょう。

❹答えられない問い合わせを受けたとき

✕ すみません……。私にはわかりません。

〇 その件については私ではわかりかねますので、確認後に折り返しご連絡させていただいてよろしいでしょうか？

「私はわからない」とそのまま伝えるのはことば足らずな印象になりNG。自分勝手に判断するのもよくないため、問い合わせの内容を聞き取ったうえで「確認後に折り返しご連絡いたします」と対応するのがスムーズです。

❺用件を聞くとき

「来週の打ち合わせは15時に、新宿でお願いします」

✕ 承知いたしました。

〇 15時に新宿ですね、かしこまりました。

相手の電話番号、日時、発注数などの大切な用件を聞くとき、「承知いたしました」のみだと聞き間違える可能性があります。相手の話のキーワードを復唱することで、話の本質を明確にしミスを防ぐことができます。

Chapter

2

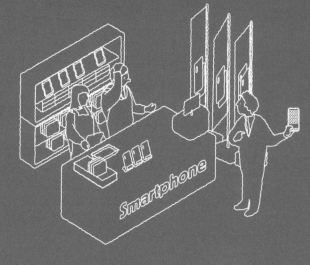

失敗しがちな

依頼・お願い

上司や取引先に何かをお願いするとき、言い方を間違えると乱暴で唐突な印象を与えてしまいます。「申し訳ありませんが……」と本題に入る前に相手を気づかうことばを入れたり、丁寧なことばづかいで具体的に伝えることが大切です。

よく使う
依頼のフレーズ（基礎編）①

ビジネスにおいて、上司や部下、取引先の担当者などにお願い事をする機会はたくさんあります。適切なフレーズを使って相手に気持ちよく引き受けてもらえれば、仕事もうまくいくことでしょう。

 これ、やっておいて

 ～お願いできるかな？

この書類、経理に持っていって

この書類、経理に持っていってもらえるかな？

部下や後輩に頼み事をする場合でも、ことばづかいには気をつけるべきです。「やっておいて」ではなく、「お願いできるかな？」などのようなフレーズを使いましょう。ことばとしてやわらかい印象を与えるので、相手も気持ちよく依頼を引き受けることができます。

～してほしいんですが

 ～していただけると助かります

企画書をチェックして
ほしいんですけど

失礼な
ヤツだな

※悪い例

目上の人にお願いをするときは敬語をきちんと使いましょう。「○○していただけると助かります」は敬語を使っているだけでなく、「助かります」と感謝につながることばが入っている点も、依頼がうまくいきやすいポイントになっています。

 なるべくお願いします

 差し支えなければお願いします

なるべく相席で
お願いします

一方的
だな

※悪い例

「差し支えなければ」と入れることで、「あなたの都合がよければ引き受けてほしい（都合が悪いなら断ってもかまわない）」という意味が加わります。相手の都合を優先していて、相手に寄り添った丁寧な表現です。

02 よく使う 依頼のフレーズ（基礎編）②

人に仕事などを頼むときによかれと思って使ったフレーズが、かえって相手を不快にしたり、相手に失礼な印象を与えてしまうことがあります。相手の負担を減らし、相手のモチベーションが上がる頼み方をしましょう。

✕ めんどくさくない範囲で

◯ ご面倒でなければ

> この料理は
> どう盛り付ければ
> いいですか？

✕ めんどくさくない
範囲で丁寧に
やってください

◯ ご面倒でなければ
人数分に切り分けて
おいてください

「めんどくさくない範囲でお願いします」ということばは、一見、相手に気をつかっているようですが、言い方がぞんざいで、相手のやる気をそぐ可能性もあります。「ご面倒でなければ」という相手を気づかう丁寧なフレーズを使いましょう。

暇なときでいいので

できると助かります

暇なときでいいから書類に目を通してもらえますか？

暇なときなんてないよ！

※悪い例

「暇なときでいいから」と頼まれると、「こっちはいつだって忙しくて、暇な時間なんてないんだ！」と相手から怒られてしまうかもしれません。相手は忙しいという前提で、「できると助かります」など謙虚な姿勢で依頼するようにしましょう。

できれば早めにお願いします

今月末までにお願いします

できるだけ早めに倉庫の整理をしてください

結局、いつまでにやればいいのかわからない……

※悪い例

「できれば早めにお願いします」という依頼の仕方だと、頼まれた側はいつまでにやればいいのかわからないので困ってしまいます。「今月末までにお願いします」など、期限を明確に指定して相手が動きやすいように頼みましょう。

03 相手を困らせない 依頼のフレーズ

依頼するときに大事なのは、自分のフレーズが相手にどういう印象を与えるのか意識することです。上から目線になったり、相手を値踏みしたりするようなニュアンスのフレーズは避けなければいけません。

✕ **なんとかなりませんか？**

◯ **ご配慮願えませんか**

こちらの希望どおりに物事が進まず、相手に無理なお願いをするときに「なんとかなりませんか？」と口にすると、上から目線な印象を与えてしまいます。「ご配慮願えませんか」というフレーズであれば、誠意が伝わり相手に与える印象が丁寧なものになります。

これくらいならできるよね？

 この仕事をあなたにお願いしたいです

> このぐらいの量なら
> ひとりで運べるよね？

> はい……

※悪い例

「これくらいならできるよね？」という頼み方には、相手を値踏みしているニュアンスがあります。「この仕事をあなたにお願いしたいです」であれば、頼まれた人は自分が期待されていると感じて、気持ちよく仕事に取りかかることができます。

 ～してもらうことって可能ですか？

 ～してもらえますか？

> 写真撮って
> もらうことって
> 可能ですか？

> 普通に「写真
> 撮ってください」
> って言えば
> いいのに

※悪い例

「○○してもらうことって可能ですか？」というフレーズは、「可能かどうか」を聞いていて、どこかまどろっこしさがあります。ストレートに「○○してもらえますか？」と頼んだほうが、こちらの熱意や思いが相手に伝わります。

2

失敗しがちな依頼・お願い

04 確認してほしいときの
依頼のフレーズ

企画書などの書類やメールなどを目上の人に確認してほしいとき、ことばづかいを間違えると、一方的に仕事を押し付けるような印象になります。相手に不快感を与えないために、依頼をするときは丁寧なことばを使いこなしましょう。

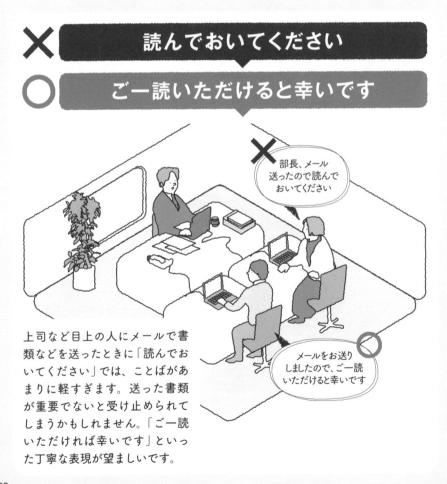

✕ 読んでおいてください

〇 ご一読いただけると幸いです

✕ 部長、メール送ったので読んでおいてください

〇 メールをお送りしましたので、ご一読いただけると幸いです

上司など目上の人にメールで書類などを送ったときに「読んでおいてください」では、ことばがあまりに軽すぎます。送った書類が重要でないと受け止められてしまうかもしれません。「ご一読いただければ幸いです」といった丁寧な表現が望ましいです。

× 届いたら確認しておいてください

○ ご査収ください

請求書を郵送したので届いたら確認しておいてください

ことばづかいがなってないな

※悪い例

「ご査収ください」は社会人として使う機会が多いフレーズです。確認して受け取るという意味で、受け取るのが請求書であれば、金額など書かれた内容に間違いがないかを確認します。相手に内容を確認してほしいときに使えるフレーズです。

× 考えておいてもらえませんか？

○ ご一考いただきたく存じます

この企画、考えておいてもらえませんか？

上司に対して言い方がなってないな

※悪い例

「一考」は、一度考えてみるという意味です。「ご一考いただきたく存じます」は、「考えておいてください」を非常に丁寧に言いかえたものです。重要なテーマについて検討してもらうときなどに、このフレーズを利用してください。

05 言いづらいことを お願いするときのフレーズ

頼みづらいことをお願いするときにこそ、慎重にことばを選ばないといけません。こちらの都合で相手に無理なお願いをするのなら、どれだけ申し訳なく思っているのか、きちんと相手に伝わるようにしましょう。

 延ばせませんか？

○ ご猶予をいただけるとありがたいのですが

納期に遅れそうでスケジュールの延期をお願いする場合、ことばづかいには慎重にならないといけません。「延ばせませんか？」では、あまりに自分本位な主張です。「ご猶予をいただけるとありがたいです」などのように、丁寧なフレーズを使いましょう。

難しいと思うのですが

 お願いするのは忍びないのですが

難しいと思うんですけど、明日までに見積もりを出してください

※悪い例

無理を承知で先方にお願いをする場合、その申し訳なさが相手にちゃんと伝わるようにします。「自分がそれをするのが耐えられない」という意味の「忍びない」を使えば、相手もこちらの申し訳ないという思いを理解してくれます。

 絶対○○してください！

 ○○していただけるよう、切に願います

強引だな

絶対、うちと取引してください！

※悪い例

あることをやってほしいと相手に伝える場合、「絶対○○してください」では、強引な印象を与えてしまいます。「○○していただけるよう、切に願います」であれば、相手の立場を尊重しつつ、こちらの強い希望をやんわりと伝えることができます。

06 急なお願いを するときのフレーズ

状況によっては相手に突然のお願いをしたり、急に時間をとってもらわなければいけないこともあります。急なお願いだからこそ、ことばの選び方には気をつけて、相手に不快な思いをさせないようにしたいものです。

✕ **失礼な話なんですけど**

◯ **不躾なお願いで恐縮ですが**

✕ 失礼な話なんですけど先生の曲を替え歌にしてCMで使わせてほしいんですよ

◯ 不躾なお願いで恐縮ですが、先生の曲を替え歌にしてCMで使わせていただけないでしょうか

急なお願いをすると、確かに相手に失礼な印象を与えてしまうかもしれません。ですが、「失礼な話」という切り出し方では、最初から相手にネガティブな印象を与えてしまいます。「躾ができてない」という意味の「不躾な」を使いましょう。

ついでにお願いしたいんだけど

この件も追加でお願いできますか?

ついでにお願いしたいんだけどあの木も切っておいて

ちゃんと追加料金もらえるのかな?

※悪い例

ある案件を依頼した際に、ちょっとした仕事も追加でお願いするときのことばが「ついでに」という単語だと、相手への敬意や配慮が感じられません。「追加でお願いできますか?」と、もともとの件とははっきり分けたかたちで依頼してください。

ちょっといいですか?

2分だけお時間ありますか?

先輩、相談があるんでちょっといいですか?

ちょっとって何分?

※悪い例

上司に相談や報告のために話しかけるときの「ちょっといいですか」。これではどの程度の時間が必要なのかはっきりしません。「2分だけお時間ありますか?」などのように目安を告げれば、相手も時間がとれるかどうか判断できます。

07 迷惑をかけてしまうときに 使いたいフレーズ

休み中の人に連絡をしたり、無理な依頼をするときなど、相手に負担をかけて しまうときは、ことばを適切に選ばないと相手を怒らせることになるかもしれま せん。適切なフレーズでこちらの誠意を伝えましょう。

✕ 本当にお願いします

◯ 伏してお願い申し上げます

相手に無理なお願いをするとき に使えるフレーズとしては「つ つしんで」「切に」などがありま すが、「伏して」も効果的です。 「伏して」ということばを聞いた り読んだりした相手は、頭をしっ かりと下げてお願いしている姿 をイメージするはずです。

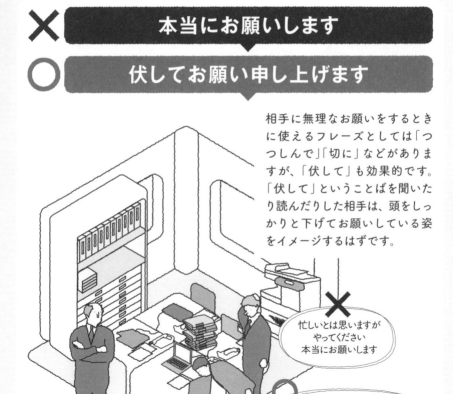

✕ 忙しいとは思いますが やってください 本当にお願いします

◯ お引き受け いただけると誠にありがたい限りです 伏してお願い申し上げます

遅くなっちゃいましたが

 夜分に恐れ入りますが

遅くなっちゃいましたけど資料送りました〜

なんて失礼な人だ!

※悪い例

急用で遅い時間に連絡をとらなければいけない場合、相手がまだ仕事中だったとしても「夜分に恐れ入ります」と伝えるのが大人としてのマナーです。「遅くなっちゃいましたが」では、かえって相手に失礼な印象を与えてしまいます。

 お休みでしたよね?

 お休みのところ申し訳ございません

明日の出張のことなんですけどあ、お休みでしたよね?

少しは気づかってほしい

※悪い例

休日などで休んでいる相手に連絡をとるときは、最大限に気をつかったフレーズを選ばないといけません。「お休みでしたよね?」では、相手をイラ立たせるので、「お休みのところ申し訳ございません」と丁寧なフレーズから会話を始めましょう。

08 許してもらいたいときに使いたいフレーズ

仕事上で取引先やお客様とやりとりする中で、相手の希望に応えられないこともたくさんあります。そうしたときは丁寧なフレーズでこちらのお詫びの気持ちを相手に伝えれば、トラブルを防げます。

 許してください

 ご容赦ください

相手の要望や期待に応えられず、お詫びの気持ちを伝えたいときに使えるフレーズが「ご容赦ください」です。「許してください」は表現が軽く、誠意が伝わらないかもしれません。丁寧な「ご容赦ください」「ご容赦願います」などを使いましょう。

現金のみを
取り扱っておりますので
ご容赦ください

クレジットカードは
使えませんので
許してください

きついと思いますが

 **勝手を申し上げますが、
ご理解いただけると幸いです**

> 納期を前倒しにします
> きついと思いますが
> いいでしょうか？

※悪い例

先方の意向に沿わないかたちで仕事を進める場合には、丁寧なことばを相手に伝える必要があります。「勝手」というフレーズであくまでこちらの都合であることを伝えつつ、「ご理解いただけると幸いです」と相手の理解を求めましょう。

 わかってください

 お汲みとりください

> 価格を
> 値上げします
> 経営事情を
> わかってください

Supermarket

※悪い例

こちらの事情などを理解してもらう際に使えるのが「お汲みとりください」です。理解してもらったうえで、こちらの希望を通してもらうことになるので、「わかってください」などの軽いことばでなく、丁寧なフレーズを選びましょう。

09 一方的にならない 教えてほしいときのフレーズ

仕事などでわからないことがあった場合、丁寧かつ適切なフレーズで教えを請いましょう。教えてもらう立場なのですから、決して上から目線にならず、相手を否定するようなフレーズを使わないことが重要です。

 教えてもらえません？

 お教えいただけますか？

教えを請う立場なのですから、「教えてもらえません？」と上から目線に聞こえかねないフレーズを使ってはいけません。「教えていただけますか」「ご教示ください」などの敬語を使い丁寧なフレーズを心がけましょう。

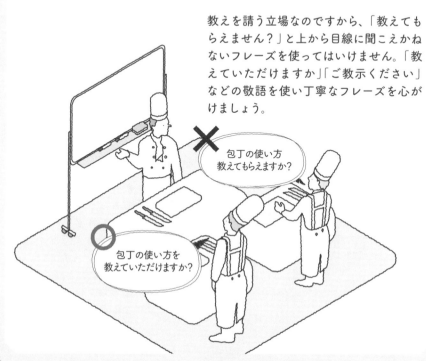

包丁の使い方教えてもらえますか？

包丁の使い方を教えていただけますか？

✕ ちゃんと教えてください

◯ ご指導のほどお願いします

ソフトの使い方を覚えたいんでちゃんと教えてくださいね

※悪い例

教えてもらう立場なのに「ちゃんと教えてください」では、相手に注文をつけているようで不快感を与えてしまいます。「ご指導のほどお願いします」というフレーズであれば、教えてくれる相手への敬意を伝えることもできます。

✕ しっかり説明してくれませんか?

◯ ここは、具体的におっしゃいますと……

この機械の使い方は○○で△△で

わかりづらいなぁしっかり説明してくれませんか?

※悪い例

教えてもらっているときに、相手の説明がうまくなく、よくわからない場合も、相手を責めるようなことを言ってはいけません。「ここは、具体的におっしゃいますと……」と丁寧に聞けば、相手の説明もわかりやすいものになることでしょう。

10 やんわりと注意しながら お願いするときのフレーズ

取引先や顧客の行動に対して注意する必要がある場合、どんなことばを使えばいいのか迷ってしまうことでしょう。きちんとしたフレーズを使えば、関係を良好なものに保ったまま、相手にこちらの意図を伝えられます。

× 気をつけてください

○ ご留意ください

× ホームページのこの部分の変更はできないんで気をつけてください

○ ホームページのこの部分の変更はできませんのでご留意いただけますか?

「気をつけてください」という言い方だと、相手が反感をもってしまう危険性があります。「ご留意ください」(「留意」は「心に留めて気をつける」という意味)なら、相手に対する敬意も示せるので、言われた相手も受け入れやすいことでしょう。

ちゃんとしてください

 この作業は〇〇までやってください

全然できてないじゃないですか！
ちゃんとしてくださいよ

はぁ……

※悪い例

仕事相手や後輩などにダメ出しをする際、「ちゃんとしてください」などの曖昧な言い方はNG。相手に意図が伝わるように「ここまで作業をしてください」「ここをこのように修正してください」などと、具体的に指示を出すようにしましょう。

 もっとスピード上げてください

 〇〇さんが気をもんでいらっしゃいますよ

納期はすぐですよ
もっとスピード上げてください

うるさいなぁ

※悪い例

相手に「もっと作業のスピードを上げてください」と強く言っても、相手を焦らせてしまい、かえって効率が下がってしまう可能性があります。「〇〇さんが言っていた」とほかの人の名前を挙げることで、やんわりと注意することができます。

11 悪い印象を与えない 催促するときのフレーズ

催促はことばの選び方を間違うと、相手に悪い印象をもたれてしまいます。こちらの事情をうまく伝えつつ、しっかりと催促もできる、効果的なフレーズを覚えておきましょう。

お金に関する催促は、慎重にことばを選ばないといけません。相手がわざとお金を払っていないのだと決めつけず、「行き違いかもしれませんが」とワンクッション置くことで、やわらかい言い方になります。不必要に刺激しないことで、悪い印象をもたれないようにするのです。

× 早くやってもらえませんか?

○ 急(せ)かすようで申し訳ありませんが

> 間に合いませんよ
> 早くやってください!

> わかってるよ!

※悪い例

仕事相手を急かさなければいけないときでも、かけることばとしては「急かすようで」などと婉曲(えんきょく)な表現を入れるようにします。また、「急いでくださると助かります」などのように、感謝の気持ちをフレーズに入れることも有効です。

× お返事まだですか?

○ 期日が迫ってまいりまして

> 先日連絡した件の
> お返事まだですか?

※悪い例

問い合わせのメールを送ったのに返事が来ないとき、「お返事まだですか?」などのような直接的な催促は責めるニュアンスが入ってしまいます。「期日が迫って」などと、こちらの事情を説明して、婉曲に返事を催促するようにしましょう。

人を動かす
3つの基本

相手に頼み事をするときや、人を動かして協力してもらうには、言い方のほかにも
コミュニケーションスキルが必要になります。基本となる3つを紹介します。

否定するときも
「確かにそうですね
でも、こんな場合は?」と
ポジティブな表現を
心がけよう

STEP ❶

相手を知る
「傾聴力・質問力」

説得の基本スキルが備わっていても、相手が自分を信頼してい
なければうまくいきません。スキルの前に、相手との人間関係が
大切になります。相手を知るためには日頃から相手の話をよく聞
き、質問するなどコミュニケーションをとりましょう。また、話を聞く
ときは、相手の話をしっかりと受け止め、自分のスタイルに合わ
ない意見でも肯定して聞く姿勢を示します。こうした丁寧な態度
も人を動かすための「土台」になります。

STEP ❷

相手に伝える
「説明能力」

説明するときは
図や表、見本など
視覚に働き
かけるものも
わかりやすくて
効果的だよ

相手を動かすために必要なスキルが「説明能力」です。相手の知りたいところに焦点を定め、相手にわかってもらうコミュニケーションが「説明」となります。相手にどう動けばいいのかという具体的な方法を提示する、メリットやデメリットを打ち出し「結果」を先に示すことで伝わりやすくなります。「わかりやすく」「簡潔に」「印象深く」の3つの表現力が大切になります。

STEP ❸

自発的に動かす
「説得力」

相手の恩人に
説得してもらう
という方法もOK
人も有効活用すると
説得がうまくいく
可能性が高いです

説明がうまくても、相手の心を動かせなければ意味がありません。こちらからの押し付けだけではなく、相手を自発的にその気にさせて動かす「説得力」が必要です。一方的に自分の要望を説明するだけではなく、相手の立場を考え、選択肢や時間を与え相手が考える余地を残しましょう。ほかにも場所・時を活用するのも効果的です。宴席を設けたり、相手がリラックスできる時間帯を選ぶなども相手の気持ちを動かす可能性につながります。

Chapter

3

KOTOBANO
IIKAE
mirudake note

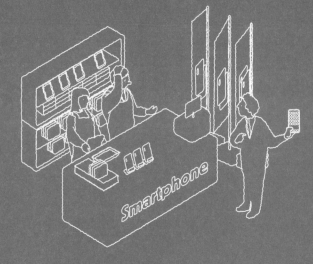

知らず知らずイラっとされる

挨拶と会話

挨拶や会話は相手との信頼関係を築くうえで大切なコミュニケーションのひとつです。しかし、ちょっとした一言で相手を不機嫌にさせてしまうことも。たった一言で人間関係にヒビが入らないよう、普段使っていることばが失礼になっていないか、本章で見直してみましょう。

01 よく使う仕事場での ちょっとした一言

よかれと思って口にしたことばで、相手を怒らせてしまうことがあります。場の空気が悪くなり、人間関係の悪化につながる場合も少なくありません。周りに不快感を与えることのないよう、丁寧で上品なことばづかいを心がけましょう。

× ご苦労様でした!

○ お疲れ様でした!

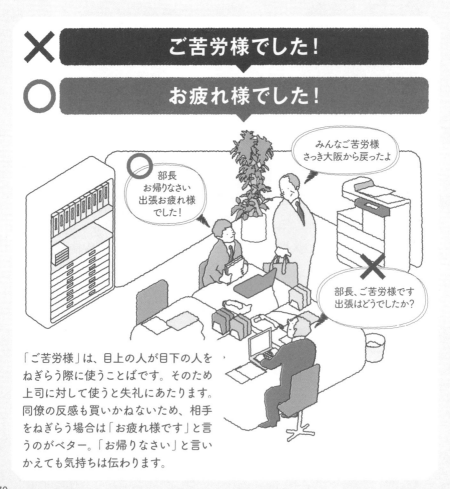

○ 部長
お帰りなさい
出張お疲れ様
でした!

みんなご苦労様
さっき大阪から戻ったよ

× 部長、ご苦労様です
出張はどうでしたか?

「ご苦労様」は、目上の人が目下の人をねぎらう際に使うことばです。そのため上司に対して使うと失礼にあたります。同僚の反感も買いかねないため、相手をねぎらう場合は「お疲れ様です」と言うのがベター。「お帰りなさい」と言いかえても気持ちは伝わります。

お先です！

 お先に失礼します

このまま直帰します
お先です！

ずいぶんと
礼儀知らず
なやつだな

※悪い例

上司や目上の人よりも先に退社するとき、「お先です」と言うのはマナー違反です。フランクな表現のため、同僚や部下に対して使うのなら問題ないでしょう。しかし上司が仕事を続けている場合は、「お先に失礼します」と丁寧なことばで挨拶します。

 何ですか？

 お呼びでしょうか？

呼ばれましたが
何ですか？

なんだか子どもっぽい
言い方だな……
大丈夫かな？

※悪い例

「何ですか？」は相手に幼稚で頼りない印象を与えがちなことば。少し雑な表現にも聞こえるため、相手に重要な仕事をまかせにくいと感じさせます。上司に呼ばれた際は、「お呼びでしょうか」と上品なことばづかいで答えるのが大人のマナーです。

3

知らず知らずイラっとされる挨拶と会話

02 好感度がアップする 相手を立てるフレーズ

相手を立てることは、社会人として身につけたいマナーのひとつ。相手への敬意を表すことで距離が縮まり、よりよい人間関係を築けます。嫌みなく自然に相手を立てられるようになれば、周りにも一目置かれる存在になるでしょう。

× 大変そうですね

○ 仕事が忙しいんですね

「大変そうですね」は、社交辞令に聞こえることばです。自分の状況や気持ちを大雑把にまとめられ、薄っぺらな同情をされている気分になりがち。相手が「忙しくて休めないんだよ」と言うのなら、「仕事が忙しいんですね」と相手のことばを繰り返すと理解を示せます。

✕ 勉強になりました！

◯ ○○の話がとくに参考になりました

先ほどの
お話とても勉強に
なりました！

本当に聞いていたのかな
どうせ実践しないんだろう

※悪い例

「勉強になりました」は漠然とした表現。相手が懸命に説明した内容を、たった一言でまとめてしまいます。それでは相手もガッカリしてしまうでしょう。感想を言うときは、「○○が参考になった」と具体的なことばで伝えると好印象です。

✕ 今日はいい感じですね！

◯ 今日も素敵ですね！

○○さん
今日はいい
感じですね！

今日だけって
こと……？
いつもはダメ
なのかしら

※悪い例

誰でもほめられると悪い気はしませんが、「今日は」と言うと誤解を生みかねません。「今日だけ違うの？」とネガティブにとらえられる可能性があるため、相手の見た目をほめるときは「今日も素敵ですね」と伝えたほうが好感をもたれます。

3

知らず知らずイラっとされる挨拶と会話

03 相手をムッとさせない 報・連・相のフレーズ

「報告」「連絡」「相談」は、ビジネスの基本ともいえる重要なコミュニケーションです。要領を得ない報・連・相では、相手をイライラさせてしまいます。仕事を円滑に進めるためにも、相手に伝わる言い方を身につけましょう。

✕ いい感じです！

◯ もう一歩で了解をいただけそうです

「いい感じ」という表現では、事実ではなく個人の感想を伝えていることになります。内容も抽象的で、相手は要点をつかめません。大切なのは、具体性をもたせること。「もう一歩で了解をいただけそうです」と言えば、相手は内容を理解しやすくなります。

以前にもメールしましたが

 何度も申し訳ありませんが

以前にもメールしましたが資料の確認をお願いします

なんだか責められている気分だな

※悪い例

「以前にもメールしましたが」と言うと、相手を責めているように受け取られかねません。「何度も申し訳ありませんが」と言えば、念押しできるだけでなく「親切・丁寧」な印象を相手に与えられます。同時に自分が繰り返し連絡した事実も伝えられるでしょう。

 以前と違いますが

 変更してもよろしいのですね？

発注する部材の個数が以前と違うのですが

勘違いしていたとは言いにくいな……

※悪い例

人は誰しも勘違いをするもの。「以前と違いますが」と言ってしまうと、相手の勘違いだった場合に快く思われません。相手が上司や目上の人なら、前回と異なる点を伝えつつ「変更してもよろしいのですね？」と指示を求めるといいでしょう。

04 仕事で差がつく 説明するときのフレーズ

どんなに必死に説明しても、相手に正しく伝わらなければ間違った解釈をされてしまう可能性があります。そのため説明をする際は、相手がしっかりと情報を受け取れるような工夫が必要です。コツを知って周りに差をつけましょう。

✕ これなんですけど……

◯ ○○の件で3分お時間よろしいでしょうか？

「これなんですけど」と唐突に用件を話し始めても、相手は驚いてしまいます。話しかける際は「○○の件で3分お時間よろしいでしょうか？」と切り出すといいでしょう。内容と必要な時間を具体的に示すことで、相手にこちらの話を聞く態勢を整えてもらえます。

明日の
プレゼンの件で
3分ほどお時間
よろしいでしょうか？

どうした？
これから会議室
に行くんだが

すみません
これなん
ですけど……

～となりますが、わかっていますよね？

共有していただいていますか？

発注数が
増えますが
わかっていますよね？

そうだったっけ？
確か違うと思ったけれど……

※悪い例

「わかっていますよね？」と言うと、お互いの認識がズレていた場合に問題が発生しかねません。「～となりますが、共有していただいていますか？」と言えば、相手の理解度を確認しながら、お互いの認識もすり合わせられます。

当然かと思いますが

みなさんご存知かと思いますが

当然かと思いますが
来月は社員研修が
あります

そうなのか
それにしても
上から目線の
言い方だな……

※悪い例

「当然……」と言われると、知らない場合は嫌みに聞こえてしまいます。「ご存知かと思いますが」と言いかえれば、念のため確認するという意味に変化します。相手が知っているか知らないかを断定しないため、説明を聞いてもらいやすくなります。

05 ことば足らずにならない 交渉時のフレーズ

相手に自分の要求や意見を伝えるときは、簡潔にわかりやすく説明することが大切です。しかし、ことば足らずな伝え方では誤解を招く恐れも。相手に寄り添った交渉を心がければ、お互いに納得できる落としどころを見つけられます。

相手の意見が正しいときや、自分と同じ考えのときは賛意を示します。ただし、上司や目上の人に対して「そのとおりです」と言うのはNG。正しい敬語表現ではないため、失礼にあたります。相手に賛同する際は「おっしゃるとおりです」と言い、敬意を表しましょう。

この書類がないと進められないのですが

 この書類を用意していただければ

この書類が
ないと作業を
進められない
のですが

なんとか期日までに
間に合わせてもらえ
ないかね

※悪い例

「書類がないと進められない」は否定的な表現のため、相手によい印象を与えられません。「この書類を用意していただければすぐに対処できます！」と伝えれば、自信と余裕を相手に示せます。同時に周りから仕事ができる人という評価を得られるでしょう。

 安くしたいんですか？

 コスト面にネックがありますでしょうか？

この件の
契約料を安く
したいんですか？

なんて失礼な！
口のきき方を
知らないやつだ

※悪い例

クライアントに向かって「安くしたいんですか？」と聞くのはNG。相手はバカにされたと感じて、怒りだすかもしれません。「コスト面にネックが？」と聞けば、打診となります。医師が患者を診察するように、相手の意向を確かめる聞き方をしましょう。

06 口癖にしたくない 損をするフレーズ

よく口にしていることばのせいで、相手を不快にさせているかもしれません。相手によい印象を与えるためにも、口癖になっていることばをかえましょう。普段のことばづかいを少しかえるだけで、円満な人間関係の構築につながります。

✕ 要するに〇〇でしょ？

〇 そうなのですか

人の話を聞きながら「要するに」と要約するのは NG。相手は「まったく共感してくれないな」と感じ、うんざりしてしまいます。大切なのは、相手の話を最後まで聞くこと。「そうなのですか」と共感を示せば、相手はあなたに好感を抱き、信頼を寄せ始めます。

私って〇〇の人なんで

私は〇〇なんです

私って
朝起きられない
人なんですよ

なんだか
面倒くさい人だな
かまってほしい
のかな

※悪い例

「私って〇〇の人なんで」という言い方は、自分を守りたい気持ちが出すぎる表現。相手をイラっとさせ、面倒くさい人と思われてしまいがちです。「私は〇〇なんです」とシンプルな言い方にかえるだけで、相手に爽やかな印象を与えられます。

でも、逆に

それで言うと

はい、ですが逆に
Bさんのほうがいいの
では?

先ほどの件
AさんにおまかせしていいですA?

※悪い例

本来「逆に」は、反対の意味を表すことば。インパクトはありますが、言われた側は否定された気分になりがちです。「それで言うと」と言えば、相手を肯定しながら話をうまくつなげられます。相手も話しやすくなり、好感を抱くでしょう。

07 嫌な印象を与えない 前置きのフレーズ

会話の前に不必要な前置きを入れることで、相手を嫌な気持ちにさせてしまう場合があります。謙虚に振る舞ったつもりでも、相手はそう受け取ってくれません。相手に誤解を与えないためにも、ことばのチョイスをかえてみましょう。

❌ **自慢話ではないんですが**

⭕ **自慢話を聞いてくれる？**

「自慢話ではないんですが」は、本当は自慢したいと思っているのがバレバレの前置きです。わざわざ前置きしてまで自慢するのは、大人としてみっともないもの。いっそのこと「ちょっと自慢話を聞いてくれる？」と言ったほうが、相手も快く聞いてくれます。

✕ あなたのためを思って言うけど

◯ 私はこうしたほうがいいと思う

あなたのためを
思って言うけど
このほうがいいと思うの

嫌な言い方だし
ちょっと納得
できないな

※悪い例

「あなたのため」という前置きは、相手を自分の思いどおりに動かしたいと考える気持ちの表れ。つまり、自己満足のために使うことばです。相手のためを思って意見するなら、「私はこうしたほうがいいと思う」と簡潔に伝えるのがベターです。

✕ 私の独断と偏見ですが

◯ 私の見方（考え方）は

私の独断と偏見ですが
このプランを選びたいと
思います

彼の勝手な
意見なんか聞き
たくないよ

※悪い例

「私の独断と偏見ですが」は、言い訳がましく聞こえてしまう前置き。あとで批判を受けないよう、リスク回避をしていると思われます。率直に「私の見方は」「私の考え方は」と言ったほうが、相手は真面目に話を聞いてみようと思うものです。

83

ビジネスでは避けたい
NGフレーズ

つい使ってしまいがちな「若者ことば」などの日常のことばづかい。ビジネスの場面で使っていると、未熟な印象を与えてしまいます。とくに気をつけたいことばを紹介します。

× ○○でよろしかった
でしょうか？

▶ ○ ○○でよろしい
でしょうか？

× お名前を聞いて
いいですか？

▶ ○ お名前をお聞かせ
願えますか

× 超いいですね

▶ ○ とてもすばらしい
ですね

× 売り上げが
ヤバいです

▶ ○ 売り上げが
芳しくないようです

× 5000円から
お預かりします

▶ ○ 5000円
お預かりします

✕		○	
私的にはA案で いきたい	▶	私としてはA案が よろしいかと存じます	
一応作業 終わりました	▶	作業が 終わりました	
あの人は ○○さんです	▶	あちらの方は ○○さんです	
こっちへどうぞ	▶	こちらへどうぞ	
ちょっと お待ちください	▶	少々 お待ちください	
いってらっしゃい	▶	いってらっしゃいませ	
うちの営業の 人間は……	▶	社の営業の者は	
私がやります	▶	私がいたします	
知ってますか？	▶	ご存知ですか？	

（私的にはA案でいきたい の 私 には わたくし とルビ）

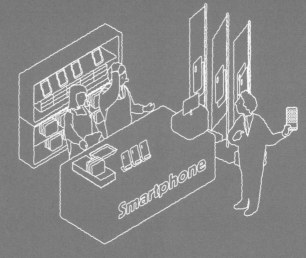

Chapter

4

言い方を間違えると炎上しがちな

反論・意見

自分とまったく異なる考えや価値観をもつ相手とのコミュニケーションは、ストレスがたまります。つい強く反論したくなりますが、自分の主張を強く押し付けると相手をさらに不快な気持ちにさせてしまいます。そのような事態を防ぐために、使いこなしたい丁寧なことばづかいを本章で覚えましょう。

01 相手を傷つけずに否定するフレーズ①

相手の主張が間違っていると思っても、正直に否定するのは気が引けるもの。言い方を間違えれば、相手を傷つけてしまいます。良好な人間関係を築くためにも、相手を不機嫌にさせない適切なことばづかいを覚えておきましょう。

 違うんじゃないですか

○ おことばを返すようですが、私の考えは……

A社との取引の件だが、今回はB社を優先しよう

それは違うんじゃないですか 私はA社のほうがいいと思います

おことばを返すようですが 私はA社のほうがいいかと思います

「それは違うんじゃないですか」と言ってしまうと、相手を真っ向から否定することになります。相手の意見に反論するときは「おことばを返すようですが、私の考えは……」と言うのがベター。相手の立場や心情に配慮しながら、自分の意見をしっかり伝えましょう。

✕ それはやめたほうがいいです

○ 私は〇〇の理由で、こうしたほうがいいと思います

部長、それはやめたほうがいいですよ

余計なお世話だよ意見を押し付けないでほしいな

※悪い例

「それはやめたほうがいいです」という言い回しは、避けるのがベター。自分の主観を相手に押し付けてしまいます。どうしても意見を言いたいなら「私はこういう理由でこうしたほうがいいと思います」と、あくまで自分の意見として伝えましょう。

✕ これじゃダメです

○ 納得いたしかねます

これじゃダメですね納得できません

気持ちはわかるがもう少し別の言い方があるだろう

※悪い例

釈然としない場面でも、ぶっきらぼうに「これじゃダメです」と言うのはマナー違反。感情を抑えて「納得いたしかねます」と丁寧に言いましょう。自分の意見をしっかりと伝えるには、毅然とした態度と丁寧な言い回しを心がけることが大切です。

02 相手を傷つけずに 否定するフレーズ②

引き続き、相手を傷つけない否定の表現を紹介します。相手の感情を逆なでしない言い回しを身につければ、注意や指摘をしても相手と良好な関係が築けるもの。適切なことばを選び取り、自分の主張をきちんと相手に伝えましょう。

✕ **こうしてください**

◯ **〜していただけますか？**

「こうしてください」は、目上の人や取引先には言わないほうがいいことば。相手は命令されていると感じるうえ、ほかに選択肢がなくなってしまいます。お願いをするなら「〜していただけますか？」と言うのがベター。疑問形にするだけで、相手の意思を尊重できます。

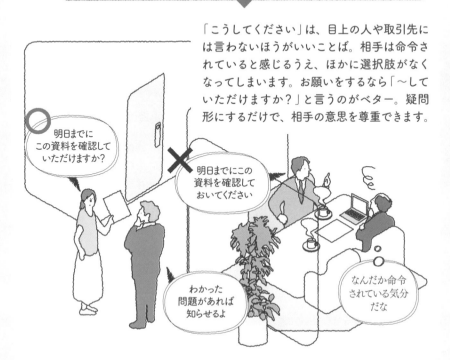

◯ 明日までにこの資料を確認していただけますか？

✕ 明日までにこの資料を確認しておいてください

わかった 問題があれば 知らせるよ

なんだか命令されている気分だな

よくわかりません

 私の理解不足かもしれませんが

おっしゃる意味が
よくわかりません

説明の仕方が
悪かったとでも言いたいのか

※悪い例

「よくわかりません」と言ってしまうと、相手は今まで話した内容をすべて否定された気分になります。指摘をする際は「私の理解不足かもしれませんが」と言うといいでしょう。自分のせいにできる言い方のため、相手を否定せずにすみます。

 お互い意見が合いませんね

 価値観が違うようですね

どうもお互い意見が
合いませんね

気に障る
言い方だな
けんかを売って
いるのか?

※悪い例

「お互い意見が合いませんね」ということばは、角が立ちやすい表現。真っ向から相手の意見を否定することになり、相手の怒りを買いかねません。意見が食い違った場合は「価値観が違う」と言うのが無難。キツイ印象が少し和らぎます。

03 やわらかく 意思を伝えるフレーズ①

ビジネスにおいて、相手に自分の意思を伝えるのは大切なことです。しかし言い方を間違えると、自分の意思が伝わらないばかりか誤解を生みかねません。相手にどう伝わるかを意識できれば、コミュニケーションが円滑になります。

× **そんなこと言っていません！**

○ **内容に齟齬があるようですが……**

○ どうやら内容に齟齬があるようです

この前話した内容で進めるということでいいね？

× 私はそんなこと言っていません！

相手との認識が違っていても「そんなこと言っていません」と告げるのは NG。言った・言わないの争いとなり、トラブルに発展するおそれがあります。それよりも「内容に齟齬があるようですが……」と言うほうが丁寧です。同時に交渉が可能かどうか聞くといいでしょう。

そんなつもりはなかったんですが

 そういう認識はしていませんでした

私はそんなつもりは
なかったんですが……

自分は
悪くないとでも
言いたいのか?

※悪い例

言い訳がましく聞こえるため「そんなつもりはなかったんですが」は避けるのがベター。言われた側は責任逃れをしていると思ってしまいます。それよりも「そういう認識はしていませんでした」と言うほうが自分の状況を伝えやすいでしょう。

 ご存知ないかもしれませんが

 ご存知とは思いますが

ご存知ない
かもしれませんが
次回から変わります

バカにしているのか?
勝手に決めつけるな

※悪い例

「ご存知ないかもしれませんが」という前置きは、相手を見下す表現。言われた相手は腹を立ててしまうかもしれません。勝手に相手は知らないはずと決めつけるのではなく、「ご存知とは思いますが」と肯定的な表現で話を切り出しましょう。

04 やわらかく意思を伝えるフレーズ②

やわらかく意思を伝えるフレーズは、前ページのものだけではありません。数多くの言い回しができれば、それだけ自分の意思を伝えやすくなります。大人のことばづかいを身につけ、周りの人から一目置かれる存在になりましょう。

× 少々言いづらいのですが……

○ 自分のことを棚に上げて言いづらいのですが

「少々言いづらいのですが……」と言い始めるのは、何か嫌なことを言われるのではないかと相手が構えてしまい、あまり好ましくない表現です。「自分のことを棚に上げて」と言いかえることで、キツくなりがちなことばがやわらかい印象に変わります。

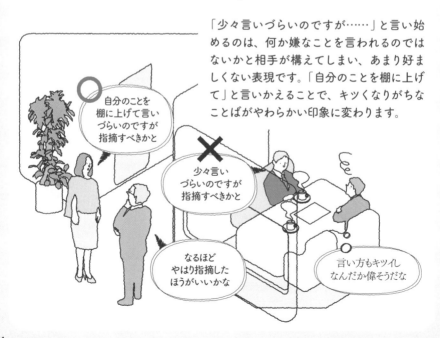

○ 自分のことを棚に上げて言いづらいのですが指摘すべきかと

× 少々言いづらいのですが指摘すべきかと

なるほどやはり指摘したほうがいいかな

言い方もキツイしなんだか偉そうだな

✕ 話が長くないですか

○ 手短にお願いします

ちょっと話が長く
ないですか……？

なんて失礼な！
もう説明する気をなくしたわ

※悪い例

話している途中で「話が長くないですか」と言われたら、誰でも嫌な気分になります。かわりに「手短にお願いします」を使いましょう。言われた側は不思議と「話を短くしなきゃ」と思うもの。最初に「恐縮ですが」を加えるとより丁寧です。

✕ 何を言いたいのかわからないのですが

○ 要約させていただくと

何を言いたい
のかわからない
のですが……

せっかく説明したのに……
ほかに言い方を知らないのか？

※悪い例

相手の説明を理解できなくても、「何が言いたいのかわからない」と言うのはNG。相手を傷つけかねない表現です。「要約させていただくと」と言えば、それまでに話された内容を相手に確認できます。角が立つこともないでしょう。

4

言い方を間違えると炎上しがちな反論・意見

05 強く言い返したいときの便利なフレーズ

たとえ自分に落ち度はなくても、ストレートに言い返しては相手の反感を買いかねません。そんなときは、相手と揉めない大人のことばづかいを覚えておくと便利です。上手に言い返せれば、きっと相手に自分の真意が伝わるでしょう。

✕ **前に言ったことと違うじゃないですか！**

○ **ご指示いただいたとおりに進行していますが**

仕事をしていれば、途中で相手の意見や指示がかわることもあります。しかし、「前に言ったことと違う！」と感情をストレートにぶつけるのはマナー違反。「ご指示いただいたとおりに進行しているのですが」と言いかえれば、波風を立てず相手に反撃できます。

前に言っていたことと違うじゃないですか！
この前の件 納期を2週間早めてもらいたい
ご指示いただいたとおりに進行しているのですが

✕ そっちがやるべきことでしょ？

◯ そちらが対応するのが筋では

この件はそっちが
やるべきことですよね？

なんだその言いぐさは！
担当をかえてもらおう

※悪い例

責任ある行動をしてほしいと思っても、目上の人や取引先に対して「そっちがやるべき」と言うのはNG。そんなときは、「そちらが対応するのが筋」と言いかえるといいでしょう。筋を通してほしいと言えば、相手は納得しやすくなります。

✕ ちゃんとしてください！

◯ 適切な処置をお願いします

迷惑がかかるので
ちゃんとしてくださいよ！

確かにこちらも
悪いけれどほかに言い方
があるのでは？

※悪い例

誠実な対応を求める際、相手に「ちゃんとしてください」と言うのは避けましょう。上から目線のことばでは、相手をイラ立たせるだけです。「適切な処置をお願いします」と言うと嫌みがなくなり、相手は要求を受け入れやすくなります。

4

言い方を間違えると炎上しがちな反論・意見

06 質問の形式で反論をするフレーズ

相手の話が長かったり、要点がわかりにくかったりすると、ついイライラしてしまいがち。だからといって否定的なことばで返してしまえば、相手を怒らせてしまいます。そんなときは、質問のかたちに言いかえて反論しましょう。

 要するに何が言いたいんですか?

○ **いちばん言いたいことは何でしょうか?**

人の話がわかりにくいと思っても「要するに何が言いたいの?」と言うのは NG。人によっては「話を拒否された」と受け取る可能性があります。そんなときは「いちばん言いたいことは何でしょうか?」と聞き、話したい内容に優先順位をつけてもらいましょう。

先日のイベントではこういう出来事があり、また……

○ 今の話でいちばん言いたいことは何でしょうか?

✕ 要するに何が言いたいんでしょうか?

結局こういうことですか?

 こういう理解でよろしいでしょうか?

結局、こういうことですか?

話が長いから終わらせろってこと?

※悪い例

相手が話している途中で「結局こういうことですか?」と聞くのは、会話を強制終了するのと同じこと。自分の理解が正しいかどうか確認したいときは、「こういう理解でよろしいでしょうか?」と聞けば失礼な印象を与えません。

 それってどうなの?

 いくつか確認しておきたい点があるのですが……

えっ! それってどうなんですか?

今回は担当をかわってもらおうと思う

※悪い例

相手の主張や説明に納得できないからといって、「それってどうなの?」と聞くのはマナー違反。一方的に批判された気分になるものです。「いくつか確認しておきたい点があるのですが」と言い、詳しい説明を促しましょう。

07 言い訳にならないように 伝える便利なフレーズ

仕事をしていると、誰かに忠告したり間違いを指摘したりする場面が出てきます。どう伝えれば、相手の反感を買わずにすむのでしょうか？　言いにくいことを相手に伝えたいときは、以下のような大人のことばづかいが役立ちます。

「みんなそう言っていますよ」ということばは、自分の発言をごまかす表現。大多数の人を利用して、無理やり相手を納得させるようなものです。相手に忠告をするのなら「私はこう思います」と言うのが大人のマナー。あくまで自分の意見として相手に伝えましょう。

そう言われましても……

 ごもっともですが

今回はこの予算で
やってくれないかな

しかし、そう
言われましても……

※悪い例

「そう言われましても……」
は、相手の言うことを
否定することば。一方
的に否定されれば、相
手は腹を立ててしまい
ます。そんなときは「ご
もっともですが」と言う
のがベター。最初に相
手の言い分を認めると、
そのあとに反論しても
不快に思われません。

 言い訳ではないんですが

 言い訳をさせていただくと

言い訳では
ないんですが
実は……

いやいや
それって言い訳だよね

※悪い例

「言い訳ではないんで
すが」と前置きすると、
かえって言い訳がまし
く聞こえるもの。その
あとにクドクドと説明
をされても、相手は白
けてしまいます。潔く
「言い訳をさせていた
だくと」と言ったほう
が、相手に話を聞いて
もらえるでしょう。

08 角を立てずに伝える 便利なフレーズ

相手の意見や考えが間違っていると指摘するときは、思っていることをストレートに伝えてしまうと、今後の関係性に悪影響を及ぼす恐れがあります。相手の心情に寄り添うのも、大人のマナーです。

 この点はよくないですよ

 この点をよくないと思う人も いると思いますよ

相手の落ち度を指摘しようと思っても、「この点はよくないですよ」と言うのはやめましょう。相手によっては、真っ向から否定されたと反発するかもしれません。「よくないと思う人もいると思います」と言えば、反対意見を世間の声としてやわらかく相手に伝えられます。

× 結論が先送りじゃないですか！

○ 曖昧な状態は、
お互いに好ましくないと思うのですが

この件は、また
次回ゆっくり話そう

これでは
結論が先送り
じゃないですか！

※悪い例

結論が出ずイライラしても、ストレートに「先送りじゃないですか」と言うのはNG。もう少しやわらかく「曖昧な状態はお互いに好ましくない」と伝えましょう。そのあとに「話し合いたい」と続ければ、相手も応じてくれます。

× 納得できないんですけど

○ 腑に落ちない点があるのですが

困ったな、すべて
納得できないってこと?

どうしても納得
できないんですけど

※悪い例

相手の考えに疑問をもっても、ストレートに「納得できないんですけど」と言うのは相手に失礼です。「腑に落ちない点があるのですが」と言えば、一部分だけ納得できないというニュアンスになります。相手の気分を害することなく、不服な点を指摘できます。

相手に理解を求める
ときのフレーズ

相手に理解してほしい内容も、ことばが足りなければ正しく伝わりません。説明をするときは、相手にはどう聞こえるかを考えることが大切です。「伝わるはず」という思い込みを捨て、相手に配慮したことばづかいを心がけましょう。

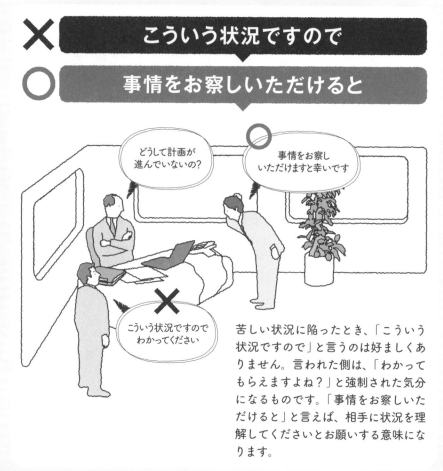

× こういう状況ですので

○ 事情をお察しいただけると

どうして計画が進んでいないの?

事情をお察しいただけますと幸いです

× こういう状況ですのでわかってください

苦しい状況に陥ったとき、「こういう状況ですので」と言うのは好ましくありません。言われた側は、「わかってもらえますよね?」と強制された気分になるものです。「事情をお察しいただけると」と言えば、相手に状況を理解してくださいとお願いする意味になります。

これだけはわかってほしいのですが

 用件のみお伝えしますと

ずいぶんとぶっきらぼうな言い方だな

これだけはわかってほしいのですが……

※悪い例

最低限の内容を説明するからといって、「これだけはわかってほしいのですが」と伝えるのはNG。一方的でぞんざいな印象となりがちです。「用件のみお伝えしますと」に言いかえれば、丁寧な印象になります。忙しい相手への配慮や敬意を示しましょう。

 もう一回言いますと

 念のためもう一度説明させていただきます

重要なことなので、もう一回言いますと……

さっきも聞いたしもうわかったよ

※悪い例

「もう一回言いますと」ということばは、上から目線になりがちな表現。人によっては失礼だと感じる場合があります。説明を繰り返す際は、「念のためもう一度説明させていただきます」と言うのがマナー。重要なことをより確実に伝えられます。

伝え方がうまくなる
7つの実践スキル

ちょっとした連絡や相談にしても、どのように伝えるかには、さまざまな技術が
必要になってきます。ここでは「せつめいよこれ」という7つの実践を紹介します。

❶ せ　整理して順序よく

「○○すれば△△なる」という伝え方を意識しましょう。これは主題を明確に
するトレーニングにもなり、「一言で何を伝えたいのか？」を具体的に簡潔
に、20字以内で表現できるようにするのが大切です。話すときは、「序論→
本論→結論」の構成を意識し、話の展開力を身につけましょう。

❷ つ　強めの箇所をはっきり打ち出す

日本人の伝え方の傾向として、淡々と同じリズムで伝えるという特徴があります。
「とくにこのポイントが重要です」「もしもこれがなかったとしたならば、どうな
るでしょう」など、反復や拡大、逆説を使って「強調点・山場」を最大限に
強調する言い方を心がけましょう。

❸ め　目配りで反応を確かめる

アイコンタクトは「伝える力」に欠かせないスキルです。アイコンタクトが苦手
な人は、相手の両目を見ないで、まずは「自分の左目で相手の左目を見る」
ようにします。左目は感性を司る「右脳」とつながっているため、左目を合わ
せることで相手に「感じのよさ」を伝えることができます。

❹ い 一時に一事の原則

「あれもこれも」とたくさんの情報を一気に話す伝え方はよくありません。簡潔に話し、ポイントを絞る伝え方が大切です。あれもこれもとならないためには、短文で区切って「。」の多い文章で話しましょう。また、「〜について3つお伝えいたします！」という「3点法」を取り入れると効果的です。

❺ よ 予告をすることで見通しを示す

何かを伝えるとき、「今日の目的は○○するようになることです！」と話の目的やゴールを示すと、見通しがついて聞き手は安心して話を聞く態勢が整います。そうすることで、結果的に伝わる確率も高まります。相手に安心感をもって耳を傾けてもらえるよう、話の予告をする意識づけをしましょう。

❻ こ ことばの吟味をする

専門用語は、専門家同士で話すのであれば問題ありませんが、相手が専門家でないときに使ってしまっては、かえって聞き手を混乱させてしまいます。したがって、何かを伝えるときには「相手は誰か？」と自問自答し、相手に理解できることば選びになっているかどうか、事前検証を行うとよいでしょう。

❼ れ 例を挙げて伝える

具体的な事例で伝えると、聞き手は自分たちの問題として共感して聞くことができ、理解度も高まります。「たとえば、〜」「身近な事例を申し上げますと、〜」というフレーズがさっと出るまで、実際の伝える場面でこのフレーズをどんどん使ってみて、口癖のようにするといいでしょう。

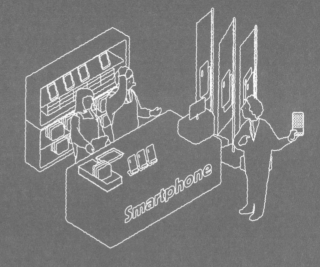

怒りを増幅させない

報告と謝罪の仕方

ミスをしたときは
ただ報告し謝るのではなく
理由や今後の対策などを
明確にすることが大切です

何かミスをして、上司や取引先に報告と謝罪をすることはビジネスではよくあります。しかし、その言い方が間違っていると、より相手の怒りを買い、信頼関係が大きく崩れてしまいます。トラブルが起きたとき、謝罪や反省の誠意が正しく伝わることばづかいを本章で学びます。

01 誠意が伝わる 謝罪のフレーズ

どんな人でもミスをしてしまうことはあるでしょう。大切なのは、きちんとミスを認め、誠意のあることばで丁寧に謝罪をすることです。また、謝罪するだけでなく、反省と今後の対策を明確にして伝える気持ちも忘れてはいけません。

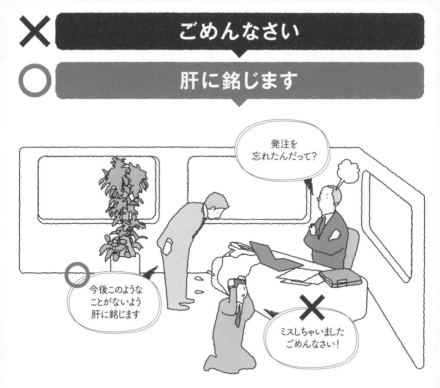

「ごめんなさい」は、過ちを詫びる意味のことばではありますが、くだけた言い方で誠実さが感じられません。「心に強く留め、決して忘れないようにする」という意味の「肝に銘じます」を用いると、謝罪と同時に、同じミスはしないという意思を伝えられます。

本当に申し訳ない！

 お詫びのことばもございません

今後気をつけて
くれればいいよ

私の説明不足でお詫びの
ことばもございません

※よい例

「申し訳ない」は敬語表現ではなく、相手によっては誠意がないと受け取られてしまうことも。「あまりにも申し訳ないという気持ちが強く、ことばで表現できない」という意味の「お詫びのことばもございません」で、誠実な気持ちを伝えましょう。

 今回はすみませんでした

 このたびはお騒がせいたしました

このたびはお騒がせいたしました
今後の改善策をお伝えします

わかったよ
次は頼むね

※よい例

ミスをしてしまったあと、ある程度事態が収束したら「このたびはお騒がせいたしました」と伝え、今後の改善策を述べましょう。「すみません」は丁寧語ですが敬語ではないため、目上の人や取引先などに対しては適切なことばではありません。

02 深い反省を伝える お詫びのフレーズ

失敗をしてしまったり、周囲に迷惑をかけてしまったりしたときは、深く反省している旨を伝えることばを選ばなくてはいけません。場合によっては相手が感情的になっていることもあるので、より丁寧なことばづかいを心がけましょう。

× **失敗してしまいました**

○ **失態を演じてしまいました**

先方がお怒りだったぞ！

○ 私の不手際で失態を演じてしまい申し訳ありません

× いやあ、対応に失敗してしまいまして……

大きな損害を出すような失敗ではなかったとしても、「失敗してしまいました」だと、どこか他人事のように聞こえてしまいます。「失態を演じてしまいました」なら、「この失敗は自分の責任です。言い訳のしようがありません」という反省の気持ちが伝わります。

✕ 反省しています

○ 猛省しています

今後はこのような
ことがないようにね

多くの人にご迷惑をおかけ
してしまい猛省しております

※よい例

反省しなければいけないときに、「反省しています」と言うのは当たり前のこと。「大変反省しております。自分の行動を顧みて、よくない点を改善していきます」という強い反省の気持ちを伝えるには、「猛省しています」が適切です。

✕ 言い訳してもしょうがないんですけど

○ 申し開きできません

これ以上責められ
ないな……

先日の件、いっさい
申し開きできません！

※よい例

何かしらの理由や経緯があっての失敗だとしても、場面によっては言い訳にしかなりません。「言い訳してもしょうがないんですけど」と事情を説明するより、「申し開きできません」と言ったほうが潔く、事態も収束しやすいものです。

03 トラブルが起こったときに使うフレーズ

トラブルが起こったとき、原因が自分にある場合は真っ先にお詫びをするのが礼儀です。また、予想外のトラブルだった場合、責任逃れをしたくなることがありますが、素直に非を認めるのが大人の対応です。

× **週明け、お詫びに伺います**

○ **お詫びに伺いたいので、本日お時間いただけますか？**

トラブルやミスが起こったときは、対応の早さが肝心。いくら忙しくても「来週、お詫びに伺います」と先延ばしにするのは絶対に NG です。「お詫びに伺いたいので、本日お時間いただけますか？」と素早く対応することで、本当に申し訳ないという気持ちが伝わります。

こんなことになるとは思いませんでした

 **そこまで重要性を
把握できていませんでした**

まあ君だけの
責任じゃないん
だろうけど……

そこまでの重要性を
把握しておらず
ご迷惑をおかけして
申し訳ございません！

※よい例

「こんなことになるとは思いませんでした」では、責任逃れをしているようで、相手の心象を悪くしてしまいます。自分だけが悪いわけではなかったとしても、「そこまで重要性を把握できていませんでした」と非を認めて素直にお詫びしましょう。

 以後、気をつけます

 **心から反省し、以後このようなことが
ないよう気をつけます**

こんなトラブルは
今回だけにしてね

心から反省しています
以後、このようなことがないように
気をつけます

※よい例

その場で解決できるトラブルなら「以後、気をつけます」だけでも問題ありませんが、大きなトラブルのときは「このようなことがないよう」とフレーズを付け加えましょう。トラブルの元を理解して反省し、繰り返さないという意思が表せます。

04 大人の対応で事情を説明するときに使う便利なフレーズ

ミスやトラブルの原因が自分ではなかったとしても、その場を収めなければいけない場面は多々あります。そんなときこそ、丁寧なことばづかいで謝罪をして相手の怒りを鎮め、事情を説明させてもらえる状況をつくりましょう。

✕ 説明したと思うんですけど

◯ 私のことばに意を尽くした説明ではないところがございました

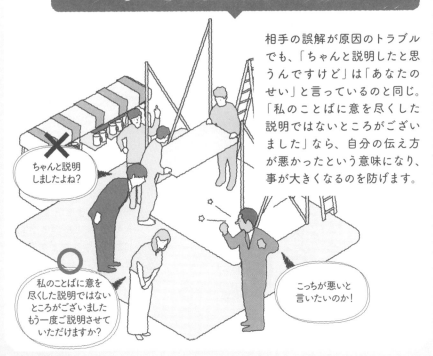

相手の誤解が原因のトラブルでも、「ちゃんと説明したと思うんですけど」は「あなたのせい」と言っているのと同じ。「私のことばに意を尽くした説明ではないところがございました」なら、自分の伝え方が悪かったという意味になり、事が大きくなるのを防げます。

ちゃんとやったつもりだったんですが

理解しているつもりでしたが、 あってはならないことでした

そこまで
責めるつもりは
ないよ

進行表

理解しているつもり
でしたが、あっては
ならないことでした

※よい例

不手際があったとき、「ちゃんとやったつもりだったんですが」はただの言い訳。「あってはならないことでした」と、頭では理解していたけれど不手際があり、お詫びのしようもないくらい反省しているということを伝えましょう。

私のせいではないのですが

やむなく〇〇のような 状況に至った次第です

どうしてこういう
ことになったの？

やむなく
このような状況に
至ってしまいました
挽回のチャンスを
いただけない
でしょうか

※よい例

誰かのミスをフォローしなければならないときは「私のせいではない」と言いたくなりますが、相手からすれば誰がミスしたかは関係ありません。「やむなくこのような状況に至った次第です」なら、不可抗力であったことと謝罪の気持ちが表せます。

05 きちんと伝わる
クレーム対応時の謝り方

クレーム対応の基本は、相手がもっとも訴えたいことをきちんと捉え、気持ちや思いを齟齬なく受け取って謝罪することです。表面的な謝罪のことばで相手の感情を逆なでしないよう、細心の注意を払わなければいけません。

 大変な思いをさせてしまい

 **混乱させてしまい**

「ミスがあったせいで混乱した」というクレームに対して、「大変な思いをさせてしまい」は表面的な謝罪に聞こえてしまいます。「混乱させてしまい申し訳ありません」と、きちんと相手の状況を理解したうえで謝罪していることが伝わるようにしましょう。

そっちのミスで
現場が混乱したよ

大変な思いを
させてしまって
すみません

混乱させてしまい
申し訳ありません
でした

迷惑をかけて

お気を悪くされましたら

こちらの対応でお気を
悪くされましたら申し訳ありません

先に謝られたらもう
怒れないじゃないか

※よい例

クレーム対応は、相手への気づかいが大切です。相手の不満や怒りが沸点に達する前に、「そんなつもりはないのですが、万が一……」という意味で、「お気を悪くされましたら申し訳ありません」と先手を打って謝りましょう。

そういう意図はなかったんです

このような結果を招いたのは
本意ではありません

このような結果を
招いたのは
本意では
ありません

最善を尽くして
くれたのならいいよ

※よい例

自分の意図と異なる結果になってしまったとき、「そういう意図はなかった」と言っても「じゃあどういうつもりだったの?」と火に油を注いでしまいます。低姿勢で「本意ではありません。申し訳ありませんでした」と謝罪してください。

119

06 うっかりミスを 謝るときのフレーズ

誰にでもうっかりミスをすることがあります。単純に気づかずにミスをしてしまった場合は、素直に「気づかなかった」と伝えても謝罪の誠意が伝わりません。相手に好感をもたれるように、より丁寧な表現を覚えましょう。

 気づきませんでした

 私の認識不足で申し訳ありません

「気づかなかった」は、重要なことだと捉えていなかったと思わせるフレーズです。「その程度の気持ちだったのか」と信頼を失ってしまうおそれも。「認識不足でした」と言いかえると、自分の責任を認めて謝罪していることが伝わります。

× うっかりしていました

○ 私の不注意です

私の不注意で
ご迷惑をおかけしました

以後、気をつけてね

※よい例

たとえうっかりミスだとしても、「うっかりしちゃって……」では反省の色が見られません。「私の不注意です」と自分の不注意がすべての原因と認めたうえで、「今後はこのようなことがないように気をつけます」という意思を伝えます。

× 自分のせいです

○ こちらの手違いでした

わかったよ。では
対応策を考えよう

こちらの手違いでした
大変失礼いたしました

※よい例

ミスが発覚したとき、「自分のせいです」でも自分の非を認めていることは伝わりますが、ビジネスシーンではより丁寧なことばづかいをするべき。「こちらの手違いでした」と改まって言うことで、常識のある人だということが伝えられます。

121

07 期待に応えられず謝るときの信頼を得るフレーズ

どんなに頑張っても結果が出ないことはあります。そんなときでも、相手をガッカリさせない謝り方を知っておくと好感度が上がり、「この人は反省し次に活かせるはずだから、またまかせてみよう」と思ってもらえるものです。

 いやー、無理でした

 自分の勉強不足がよくわかりました

期待に応えられなかったときは、まず「自分の勉強不足でした」と反省のことばを口にしましょう。自分のせいにしているので、相手もこれ以上責めにくくなります。「無理でした」のような諦めを含むことばだと、「努力したのか?」と相手の怒りをいっそう買ってしまいます。

残念ですね

 さぞかしガッカリなさったかと

もう一度チャンスを
あげてもいいかな

さぞかしガッカリ
なさったかと思います
大変失礼いたしました

※よい例

自分に大きな期待をしてくれていたにもかかわらず、応えられなかった場合は相手もガッカリしているはず。「さぞかしガッカリなさったかと思います」と相手の気持ちに共感し、「大変失礼いたしました」と謝罪のことばを加えましょう。

 また頑張ります

 これに懲りず今後ともお願いいたします

今回はご迷惑を
かけてしまいましたが、これに
懲りず今後ともお付き合いを
お願いいたします

次は期待
しているよ

※よい例

謝罪を受け入れてもらえたら、次につながる依頼をしておきたいもの。「これに懲りず」は、謙遜しつつ今後の良好なお付き合いのお願いを伝えられる表現です。「また頑張ります」では具体性がなく、今後どうしたいのかが伝わりません。

これだけは覚えておきたい
マジック・フレーズ

相手に何か依頼したり、言い出しにくい内容を伝えたりするとき、
「マジック・フレーズ」を入れてみましょう。たった一言でよい印象を与えることができます。

依頼

よろしければ

失礼ですが

ご迷惑をおかけしますが

勝手を申し上げますが

お手数をおかけしますが

今よろしいでしょうか?

差し支えなければ

恐れ入りますが

感謝

お気づかいいただき

ありがとうございます

おかげさまで……

お詫び・断り

申し訳ございませんが

お気持ちは
ありがたいのですが

恐縮ですが

ことばが足りず

申し上げ
にくいのですが

残念ながら

反論

おっしゃることは
理解できますが

失礼とは存じますが

ということは
よくわかりますが

Chapter
6

KOTOBANO
IIKAE
mirudake note

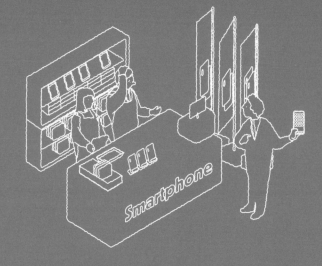

人間関係に水をささない
NOの伝え方

ビジネスでは相手の提案や取引を断らなければならないことが多くあります。断るときに、直接的な表現で「お断りします」と言うと相手に悪印象を与えます。今後のビジネスに支障をきたすことにもなるでしょう。本章では、相手を気づかいながら伝えるやわらかい断り方を学びます。

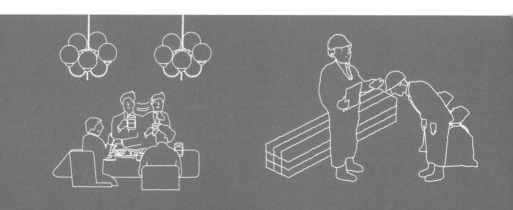

01 相手を不快にさせずに断るフレーズ

せっかく依頼されても、条件やスケジュールなどさまざまな理由によって断らなければいけない場面があります。断るときこそ、大人の言い方が重要。相手を不快にさせないようなフレーズを押さえておきましょう。

 それは無理です

 今回は見送らせてください

「今後も関係を継続したい相手だけれど、今は対応できない」という場合は、「今回は見送らせてください」と次の可能性を残す言い方をしましょう。「無理です」というストレートな言い方だと角が立ち、「うちとの付き合いはその程度か」と思われてしまいます。

では次回また依頼させてもらいます

大変申し訳ありませんが、今回は見送らせてください

忙しくて今は無理ですね

少しも考えてくれないのだな……

✕ そんなのできません

○ いたしかねます

この予算と日程で
お願いできるかな?

私どものほうでは
お引き受けいたし
かねます

※よい例

やむをえず相手の要求を断るときは、「いたしかねます」を使いましょう。「お応えしたいのは山々ですが、お役に立てず申し訳ない」という気持ちを伝える表現です。「できません」では、そもそも応える気すらないと思われてしまいます。

✕ 私には無理です

○ 私にはまだそのスキルがなく荷が重いです

それじゃあスキルが
ある人に頼もう

私にはまだ
そのスキルはありません
荷が重いです

※よい例

自分の実力以上の仕事をまかされたとき、「私には無理です」と断るとはじめから努力する気がないように聞こえ、腹を立てる人もいます。「私にはまだそのスキルがないので……」と断る理由を具体的に伝えると、相手も納得するでしょう。

02 相手の意向に従えないとき やんわり断るフレーズ①

相手の要望によっては、従えないこともあるでしょう。バッサリと断ってしまうとトラブルになりかねないので、やんわりと断りたいところ。相手が不快に思わず、こちらの意思も伝えられる断りのフレーズを覚えておくと便利です。

 お受けできません

 承服しかねます

無理難題を押し付けられて、はっきり断りたいとき「今回はお受けできません」だとこちらの意図が伝わらず、また同じ条件で依頼されてしまうことになりがちです。実は条件が不服というニュアンスを含む「承服しかねます」を使うと、角を立てずこちらの意思を伝えられます。

そのお申し出には承服しかねます

ちょっと条件が厳しすぎたか……

諸事情で今回はお受けできません

そういう仕事はできません

 ほかのことでしたら……

この仕事は
無理ってことね

ほかのことでしたら
協力させていただき
たいのですが

※よい例

あまりにも意に沿わない仕事を依頼されたときは、きっぱり断ることも大切。ただし、「そういう仕事はできません」と全否定するのではなく、「ほかのことでしたら協力させていただきます」という断り方のほうが前向きな印象を与えられます。

 規則なんで

 事務的な言い方で恐縮ですが

事務的な言い方
で大変恐縮ですが
今回は遠慮させて
いただきます

これ以上言っても
仕方なさそうだな

※よい例

会社の規則によって断らなければならないとき、「規則なんですよ」という言い方では「柔軟性がないやつだ」と思われます。「事務的な言い方で恐縮ですが」と前置きしておくと、そのあとの断り文句が受け入れられやすくなります。

03 相手の意向に従えないとき やんわり断るフレーズ②

「努力はしたものの、これ以上はどうしても相手の意向に沿えない」というときは、低姿勢かつきっぱりとした断り方をするのが大事。やんわりとしたことば選びに加え、態度や表情、語調も使って伝えるのがポイントです。

✕ **従えません**

◯ **お受けいたしかねます**

✕ その指示には従えませんよ

先方からこういう要望がきているんだが……

申し訳ございませんがそのお話はお受けいたしかねます

無茶な要望に対して、「従えません」という強いことばは火に油を注ぎかねません。大人の対応をするなら、「お受けいたしかねます」がいいでしょう。「いたしかねます」は婉曲法の断りフレーズの代表例ですので、覚えておくと便利です。

難しいと思います

 お話は承りました

この条件だと難しいということか

お話は承りました上司と検討のうえお返事させていただきます

※よい例

相手の要求や提案に即答したくない場合は、「お話は承りました」と言って話をもち帰りましょう。「もち帰って上司に相談しますが、難しいと思います」というニュアンスが含まれるので、「難しいです」とはっきり言う必要はありません。

 もう無理です

 ご容赦いただけませんでしょうか？

このあたりでご容赦いただけませんでしょうか

もう少し値引きできない？

※よい例

価格交渉の席などで過剰な要求をされたとき、「もう無理です」という断り方は突っぱねている印象を与え、交渉自体が決裂してしまうおそれがあります。切迫感を出しつつ、「ご容赦いただけませんでしょうか」と言うといいでしょう。

133

04 相手の気持ちを汲んで 丁重に断るフレーズ

自社にとっていい話であっても、諸々の事情で断らなければいけない場面では、相手の気持ちに感謝の意を表しつつ丁重にお断りしましょう。「こちらの気持ちを汲んでくれた」と思ってもらえるフレーズを使うことが大切です。

 また今度お願いします

 けっこうなお話でございますが

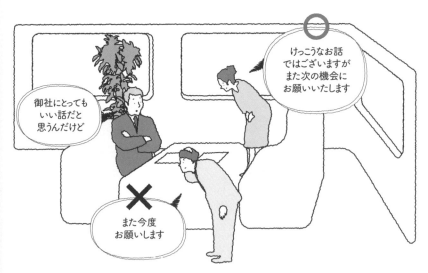

ありがたい申し出でありながら、事情によって断らなければならないときは「けっこうなお話ではございますが」と相手の配慮に感謝を示すことばを選びましょう。「また今度お願いします」だと、ありがたい申し出への感謝の気持ちが伝わりません。

✕ 無理でした

○ お役に立てず残念でなりません

頑張ってくれて
ありがとう

お役に立てず
残念でなりません
また次の機会にぜひ

※よい例

検討を重ねた結果でも、「やっぱり無理でした」と断ると「はじめから諦めていたのでは？」ととらえられかねません。「お役に立てず」と前置きすることで、「お役に立ちたく努力したのですが、叶いませんでした」という気持ちが伝わります。

✕ 今回だけは

○ 事情をお察しいただき

わかったよ
また次の機会に
頼むね

事情をお察しいただき
ご理解をいただけます
と幸いです

※よい例

相手が納得していないなと感じたら、「事情をお察しいただき」とやんわりとした表現で理解を求めれば、「これ以上交渉しても仕方なさそうだ」と引いてくれます。「今回だけは」と断ってしまうと、相手も理由がわからず納得できません。

05 やむをえず要望に応えられず 断るときのフレーズ

予算の都合や人員不足など、やむをえない理由で相手の要望に応えられないこともあるでしょう。今回は引き受けるのが難しいと丁重に断りつつ、次につながるようなことば選びをすれば人間関係を円滑に保つことができます。

要望に応えられないことが決まっているのに「なんとかしたいんですけどね」と言ってしまうと、交渉の余地がまだあると思わせてしまいます。「ご意向にお応えできず申し訳ありません」と言えば、この話はこれ以上進展しないということが伝えられます。

いろいろ考えたのですが

 検討に検討を重ねたのですが

それなら
仕方ないですね

検討に検討を重ねたのですが
今回は見送らせてください

※よい例

「いろいろ考えたのですが」という前置きは、逆に大して考えていないような印象を受けます。「検討に検討を重ねたのですが」というフレーズなら、無下に断るわけではなく、しっかり検討したうえでお断りするという意思が伝わります。

 今は無理でして

 心苦しいのですが

残念だけど
また次回頼むよ

大変心苦しいのですが
次の機会があれば
お願いします

※よい例

理由があって断るにしても、「今は無理でして」という言い方では、考えもせず断ってきたととらえられかねません。「心苦しいのですが」というフレーズなら、「本当は断りたくない」という気持ちが伝わり、次への期待感も抱いてもらえます。

06 スケジュールを理由に断るときのフレーズ

場合によっては、予定が合わないことを理由に断らなければならないことや、スケジュールの組み直しをお願いしなければならないこともあります。まずは都合がつかないことを丁寧に謝りつつ、代替日を提案できるといいでしょう。

 その日は無理です

 別件の予定が入っておりまして

> いつなら空いていますか？

> 別件の予定が入っているので、別の日でもよろしいでしょうか？

> その日は無理なんですよ

「その日は無理です」と言われたら、相手は「都合を合わせる気もないんだな」と受け取ってしまうかもしれません。「すでに予定が入っており、残念ですがその日は出席できないのです」という伝え方をすれば、悪い印象をもたれることはないでしょう。

予定があるので参加できません

 あいにくはずせない用件がありまして

仕方がないですね
またお声がけします

残念ですが
はずせない用件がありまして
今回は断念させてください

※よい例

参加したいけれどできないと伝えたいときは、「予定があるので参加できません」ではなく、「はずせない用件がありまして」と丁寧な言い回しで断りましょう。ただし、目上の相手に使うと失礼にあたることもあるので、注意が必要です。

 今ちょっと忙しいんで

 物理的に難しい状況でして

じゃあまた来週に
お願いするよ

今は物理的に難しい
状況でして、来週でしたら
時間がとれます

※よい例

「忙しいので」という断り方は、「あなたのための時間はありません」と言っているようなもの。「今は物理的に難しい状況」だということを伝えたうえで、いつなら都合がいいのかを明示すると、相手も納得してくれるはずです。

遠慮して断るときに使う大人の言い回し

複雑な理由で断らざるをえないときこそ、相手を不快にさせない大人の言い方が重要です。ストレートに言うよりも、丁寧な言い回しとニュアンスで伝えるようにすると角が立たず、よい人間関係を崩さずにすみます。

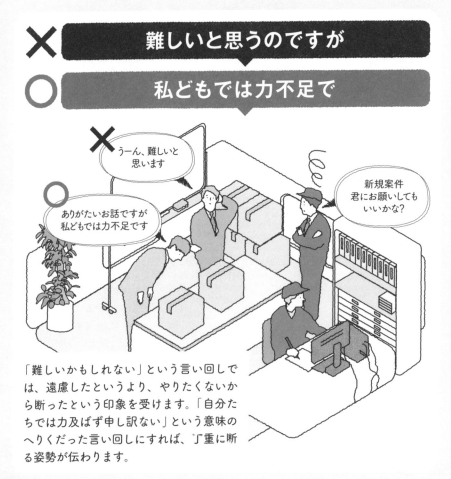

「難しいかもしれない」という言い回しでは、遠慮したというより、やりたくないから断ったという印象を受けます。「自分たちでは力及ばず申し訳ない」という意味のへりくだった言い回しにすれば、丁重に断る姿勢が伝わります。

見送らせてください

 今回は辞退させていただきます

また機会があったら
お誘いしますね

参加したかったのですが
今回は辞退させて
いただきます

※よい例

「見送らせてください」
も、やる気がないから
断ったと思われてしま
うフレーズです。「今回
は辞退させていただき
ます」という言い方な
ら、「今回は参加でき
ませんが、次回に期待
してください」と次に
つながる断り方になり
ます。

 いい話なんですが

 けっこうなお話ですが

残念だけど
また次回お願いします

けっこうなお話ですが
今は都合がつかず
難しいです

※よい例

条件のいい仕事を断る
とき、「いい話なんです
が」という言い方はどこ
か上から目線。「けっこ
うなお話ですが、時期
が悪くて……」と言え
ば、残念で心苦しいと
いうニュアンスを伝え
る言い方になり、次に
つなげられるでしょう。

08 相手を上手にかわすときの便利なフレーズ

相手の申し出や誘いを断りたいという状況になったときのために、上手にかわすフレーズを知っておくと便利です。ことばの選び方次第で、相手を不快にさせることなく、自分に対してもいい印象をもってもらえます。

自分から断ったにもかかわらず、「また声をかけてください」という言い方は虫がよすぎます。次につなげるには、「今回は断りますが、別のことなら対応できるかもしれません」という意味で、「また何かございましたらお願いいたします」と伝えておきましょう。

✕ 結構です

◯ とりあえず、ひとりでやってみます

手が空いたから
手伝おうか？

とりあえずひとりで
やってみます

※よい例

相手が親切で「手伝います」と言ってくれたのに、「結構です」という言い方は失礼。ありがた迷惑な申し出だとしても、無下に断らず「ひとりでやってみますが、無理だったら手伝ってください」というニュアンスでやんわりと断りましょう。

6

人間関係に水をささないNOの伝え方

✕ あの予定はキャンセルになりました

◯ 急きょ変更がございまして

スケジュールに
急きょ変更が
ございまして……

今回は欠席
ということだね

※よい例

先約を断らなければいけないとき、「あの予定はキャンセルになりました」という言い方だと「なぜ事後報告なの？」と思われてしまうことも。「急きょ変更があった」だと、理由を明確にしなくても都合が悪くなった旨を理解してもらいやすいです。

ビジネスで使いこなしたい
改まり語・敬称一覧

改まり語

上司や社外の人たちとの会話や、正式な文書を作成する際は「改まり語」を使うのが一般的です。時間・動作・程度などの基本的なことばを覚えましょう。

日常用語	改まり語	日常用語	改まり語	日常用語	改まり語
今日	本日	もうじき	まもなく	どうですか	いかがでしょうか
きのう	昨日 （さくじつ）	これから	今後	もう一度	再度、改めて
おととい	一昨日 （いっさくじつ）	今度 （こんど）	このたび今回	少し	少々
あした	明日 （あす・みょうにち）	あっち	あちら	いない	不在
あさって	明後日 （みょうごにち）	こっち	こちら	作る	作成する
去年	昨年	そっち	そちら	頼む	依頼する
おととし	一昨年 （いっさくねん）	どっち	どちら	確かめる	確認する
この間 （あいだ）	先日	どこ	どちら	送る	送付する
後で （あと）	後ほど （のち）	どう	いかが	配る	配布する
さっき	先ほど	どれ	どちら	書く	記入する
すぐに	ただいま	いくら	いかほど	考え直す	再考する
今	ただいま	どんな	どのような	謝る	謝罪する
前から	以前から	どれくらい	いかばかり	忘れる	失念する

敬称

相手側の物や場所や人を尊敬することばを「尊称」、自分に属するものをへりくだって言うことばを「卑称」といいます。相手には「尊称」を、自分には「卑称」を使うのがビジネスでは一般的です。

基本	尊称	卑称
本人	○○様、貴殿、貴兄、貴君	私、わたくし、小生、小職
先輩	老兄、賢兄	×
社員	貴社(御社)○○様、貴社(御社)社員	当社の○○、弊社社員、当社社員、当店店員
父	お父様、お父上、ご尊父(様)	父、父親、実父、老父
母	お母様、お母上、ご母堂(様)	母、母親、実母、老母
両親	ご両親	両親、父母
夫	ご主人、ご夫君	夫、主人、つれあい
妻	奥様、令夫人、ご令室	妻、家内、女房
子ども	お子様、お子様方	子ども、子どもたち
息子	ご子息、ご令息、お坊ちゃま	息子、愚息、せがれ
娘	ご令嬢、ご息女	娘
会社	貴社、御社	弊社、当社、小社、本社
学校	貴校、御校、貴学、御出身校	当校、本校、母校、我が校
店	貴店	当店、弊店
銀行	貴行	当行
病院	貴院	当院、本院
官庁(役所)	貴庁、貴省、貴局、貴署	当庁、当省、当局、本省
品物	ご厚志、ご高配、お心づくし	寸志、粗品、心ばかりの品
団体	貴会、貴組合、貴協会、貴団、貴センター	当会、本会、当組合、当協会、当団、当センター
場所	貴地、御地、貴町	当地、当方、当町
自宅	貴宅、お宅、貴家、貴邸	拙宅、小宅、弊宅、私宅

Chapter

7

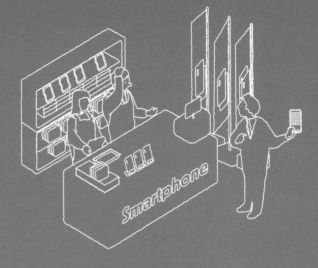

ネガティブをポジティブにかえる

ほめ方・叱り方

相手のダメな部分を
そのまま伝えては人間関係が
大きく崩れます。嫌な印象を
与えないフレーズを学びましょう

ビジネスでは相手に注意したり、間違いを指摘したりする場面もあります。相手を頭ごなしに注意していては相手を萎縮させ、不快な気持ちにさせてしまいます。本章では、相手のネガティブな要素をポジティブな視点にかえて注意する言い方を紹介します。相手を傷つけずに伝えられれば、こちらの意図が伝わりやすくなります。

01 自己中心的な人に対して うまくかわす便利なフレーズ

「自分の意見が絶対正しい」と周りの意見をあまり聞かないタイプの相手には、ことば選びに工夫が必要です。自己中心的なところに理解を示して評価しつつ、周りの意見にも耳を傾けるようにリードしてあげる言い方をしてみましょう。

✕ **独りよがりだな！**

○ **自分の考えに自信をもっているようだね**

自分の考えに自信をもっているようだけど、ほかの見方も検討してみては？

僕の提案どおりにすれば間違いないですよ

君はいつも独りよがりだな

自信があることはいいことですが、過剰な自信に対しては釘をさしておいたほうがいい場合もあります。「独りよがりだな」と突き放すのではなく、「自分の考えに自信をもっているようだけど……」と、もう少し視野を広げるよう促してください。

強引だな

 君の意見も捨てがたいけど

君の意見も捨てがたいけれど
今回はAさんの意見を
採用するよ

そうですか
わかりました

※よい例

意見をゴリ押ししてくる強引な人は、「君の意見は採用できない」と否定だけされると反発したくなります。「君の意見も捨てがたいけど」と、いい意見だと認めたうえでほかの意見を採用することを伝えれば、相手も聞く耳をもつでしょう。

 頑固だね

 意志が強いね

君は意志が
強いんだね
でもこういう
考え方もあるよ

なるほど、もう少し
考えてみます

※よい例

自分の意見を絶対に曲げない相手に「頑固だね」「融通がきかないね」と言っても、ますます意固地になるだけ。ほめことばに聞こえる「君は意志が強いんだね」という言い方なら、そのあとのアドバイスも素直に受け入れられるでしょう。

02 作業が遅いときに
嫌な印象を与えないフレーズ

誰もが要領よく、スピーディーに仕事をこなせるわけではありません。その人なりに精一杯やっているけれど周りから一歩遅れてしまう人には、現状をほめながらやる気を引き出し、具体的な目標を示してあげることが大切です。

✕ 要領悪いな！

○ ちょっとマイペースすぎるぞ

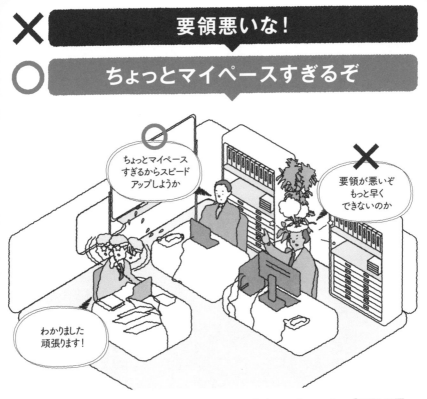

一生懸命やっているものの、要領が悪い人もいます。ストレートに「要領が悪いな」と言うと傷ついてしまうおそれがありますが、「ちょっとマイペースすぎるね」という表現ならスピードアップしてほしい旨をやんわりと伝えられます。

のんびりしているな！

 余裕をもって仕事しているね

※よい例

なかなか仕事のペースが上がらない相手に対しては、「余裕をもって仕事しているね」と肯定してからペースを上げてほしい旨を伝えるのが大人の言い方。「のんびりしているな！」と頭ごなしに否定するとやる気をなくしてしまいます。

 仕事が遅いね

 仕事が丁寧だね

※よい例

「仕事が丁寧だね」は、現状をほめつつ次の目標を示しやすいフレーズです。のんびりしている人に対してストレートに「仕事が遅い」と言っても、やる気を引き出せないどころか、スピードアップしてほしいという気持ちも伝わりません。

03 判断が遅いとき相手を
怒らせずに注意するフレーズ

判断に時間がかかる人は、自分でも判断力の低さを理解しているはずです。そこで詰め寄るような言い方をすると余計に迷ってしまうことも。具体的にいつまでという時間を示し、決断できるような声かけをしなくてはいけません。

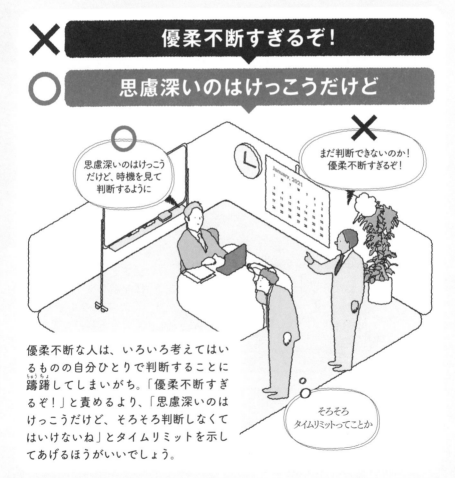

× 優柔不断すぎるぞ!

○ 思慮深いのはけっこうだけど

思慮深いのはけっこう
だけど、時機を見て
判断するように

まだ判断できないのか!
優柔不断すぎるぞ!

そろそろ
タイムリミットってことか

優柔不断な人は、いろいろ考えてはいるものの自分ひとりで判断することに躊躇してしまいがち。「優柔不断すぎるぞ!」と責めるより、「思慮深いのはけっこうだけど、そろそろ判断しなくてはいけないね」とタイムリミットを示してあげるほうがいいでしょう。

× 時間がかかっているみたいだけど

○ 慎重な作業ですね。
何時までかかりそうですか？

17時を目標に
進めます！

慎重な作業ですね
何時ごろに終わり
そうですか？

※よい例

仕事や作業に時間がかかる人に対して、「時間がかかっているみたいだけど」という言い方は嫌みだととらえられかねません。「慎重な作業ですね」とほめつつ、「何時までかかりそうですか？」と目安の時間を決めるように促しましょう。

× まだやらないんですか？

○ 今がいちばんいい
タイミングだと思います

そうですね
契約しましょう

今がいちばんいい
タイミングだと思いますよ

※よい例

相手がなかなか決断してくれないとき、「まだやらないんですか？」のような詰め寄る言い方はNG。迷っているときに詰め寄られると感情的になってしまいます。「今がいちばんいいタイミング」と決断を促すフレーズで最後の一押しをしましょう。

無責任な人へ
うまく切り返すフレーズ

責任感がなく、人のせいにしたり、発言をコロコロ変えたりする人には、正面から注意するよりサラリとかわしたほうがストレスになりません。時にはユーモアを交えた切り返しで場を和ませるのも、人間関係を円滑にするコツです。

自分のことを棚に上げて小言を言ってくる上司には、「部長に言われたくない！」と歯向かうより、「部長をお手本にしているもので」とユーモアを交えた切り返しでやんわりいさめるのもアリ。上司との関係が良好な場合にのみ使える高等テクニックです。

✕ 言うことが矛盾している

○ 細かいことにこだわらない

※よい例

意見がコロコロ変わる、言うことが矛盾している人にはついイライラしてしまいます。ただ、そういう人は意見や行動を臨機応変に変えられる人でもあります。「細かいことにこだわらないのですね」と肯定しつつ、着地点へ導きましょう。

✕ 責任転嫁してくる

○ 頼りにしてくれる

※よい例

職場には何事も他人のせいにばかりする人がまれにいます。そんな人には「責任転嫁だ」とストレートに言いたくなりますが、「自分のせいにされた」ではなく「頼りにされた」と言いかえると相手の気に障る言い方になりません。

05 つい言ってしまいたくなる 注意の言い回し

本音をそのまま言ってしまうと悪口だと思われてしまうことも。とくに、上司に対しては生意気だと思われないような言い方を考えたいところです。攻撃的な言い回しを避け、わだかまりを残さないように気を配りましょう。

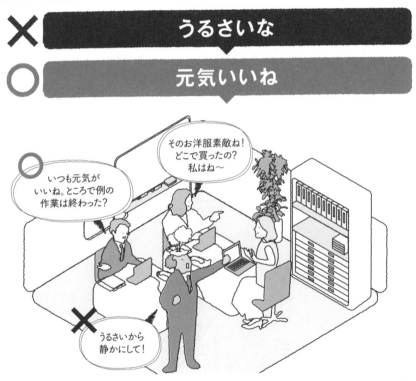

おしゃべり好きな人のおしゃべりを止めるのは簡単なことではありません。「うるさいよ」と直球で注意すると場がピリついてしまうので、「いつも元気がいいね」とポジティブな表現で釘をさしつつ、進捗状況を聞くなどして仕事に意識を向けさせましょう。

しつこい

粘り強い

粘り強いのは
いいけど、この辺りで
切り替えよう

もう1回やれば
結果が出ます！

※よい例

結果が出ないのに何度も同じことを繰り返している人には、つい「しつこい」と言いたくなります。しかし、「しつこい」ではただの悪口になってしまうので、「粘り強いのはいいことだ」と熱心さを評価しつつ、線引きをしてあげるといいでしょう。

細かいなぁ

緻密ですね

緻密ですね

ここを1mm大きくして、色は1段階濃くして

※よい例

何かしら細かく指示をしてくる人に対して「細かい」とネガティブなことばを言ってしまうと、相手を怒らせてしまう可能性があります。「緻密」ということばに言いかえて、ポジティブな意味で几帳面であることを伝えるほうが無難です。

06 相手の弱みを 強みにかえる言い回し

せっかくいい能力をもっていても、性格によって実力を発揮できない人もいます。おとなしい性格や控えめな性格も、見方によっては長所。相手の性格を見極めて、そっと背中を押すような声かけをしてあげましょう。

✕ 気弱で頼りないな

◯ 君はとても優しいね

◯ 君は優しいね
もう少し主張しても
いいんだよ

✕ 気弱だな〜
君には
頼れないよ

ありがとうございます
今後心がけていきます

「気弱で頼りない」というのは、見方によっては長所でもあります。自信をつけてあげることが大切なので、「君はとても優しいから」と性格のよさを強調してほめましょう。「頼りにならないな」と見放すような言い方では、どんどん自信をなくしてしまいます。

おとなしいですね

 物静かで協調性のある人なんですね

恐縮です
精一杯頑張ります

物静かで協調性が
ある人なんですよ

※よい例

「おとなしい」という言い方は、ビジネスシーンでは積極性がない、存在感がないなどマイナスなイメージに聞こえることもあります。「物静かで協調性のある人」という言い回しなら、仕事に対して誠実な人という印象を与えることができます。

 自信もって！

 もっと好きにやっていいんだよ

もっと君の好きなように
やっていいんだよ

もし失敗したら
どうしよう……

※よい例

自分に自信がもてない人は、必要以上にリスクに目を向けてしまいがち。「自信をもって！」という励ましも響きません。「もっと好きなようにやっていいんだよ」と、不安を解消するような言い方で背中を押してあげるのが効果的です。

07 相手をやんわりと 注意する言い回し①

注意するときは、言い方によっては相手を不機嫌にさせてしまったり、攻撃的にさせてしまったりすることがあります。そこがいいところでもあると認めながら、注意しているのだと気づかせるような言い回しができるといいでしょう。

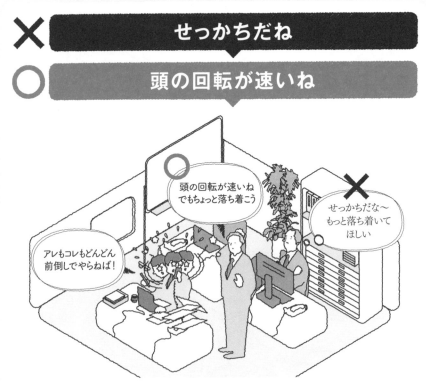

× せっかちだね

○ 頭の回転が速いね

> アレもコレもどんどん前倒しでやらねば!

> ○ 頭の回転が速いね でもちょっと落ち着こう

> × せっかちだな〜 もっと落ち着いてほしい

「せっかち」は、いつも急いでいて余裕がない、落ち着きがないというマイナスな印象を抱かせるフレーズです。また、注意されていることにも気づきにくいので、「頭の回転が速いね」と前置きしつつ、もう少し落ち着いて仕事をするように促したいものです。

✕ 遠慮がない

○ 堂々としているな

> 堂々としていて
> いいけど、でもほかの案
> も考えてみようよ

> 私の案のほうが
> 断然優れていると
> 思いませんか?

※よい例

いつも自信たっぷりで、傍若無人に振る舞う人は遠慮がない人に見えます。ただ、遠慮がないのは意志が強く、自分の価値観で行動できるともいえます。そんな人には、「堂々としているね」という言い方をすれば悪い印象になりません。

✕ 信念がないね

○ 考え方が柔軟だね

> そうだろ? いろいろ
> 考えたんだよ

> 柔軟な考え方を
> されますね

※よい例

周りの意見に左右されやすく、意見をコロコロかえる人に対して「信念がない」と言ってしまうと、怒りを買ってしまうかもしれません。「考え方が柔軟」というフレーズなら、いろいろな考え方ができる人だというプラスの意味になります。

7

ネガティブをポジティブにかえるほめ方・叱り方

08 相手をやんわりと 注意する言い回し②

「やる気はあるものの、自分なりのやり方を変えられない人」に対しては、周囲へのフォローをしてあげなくてはいけません。本人には、やる気を認めたうえで、アドバイスをするようにやんわりと言うと傷つけません。

✕ 行き当たりばったり

◯ 臨機応変

「行き当たりばった
り」ということばをい
い意味で捉える人は
いないでしょう。「何
も考えてないって言
いたいの?」と怒っ
てしまう人もいるの
で、「臨機応変です
ごい」とほめことばを
使ったあとで、計画
的に進めることの大
切さを伝えれば受け
入れやすいはずです。

明日やってみてから
その場で考えます

臨機応変なのも
いいけれど、段取りも
考えておこうよ

行き当たり
ばったりだな……

× **不器用**

○ **地道に頑張る**

君はコツコツ地道に頑張れるタイプだから、もう少し頑張ろう

はい
頑張ります!

※よい例

不器用でも一生懸命やっている人は、真面目に頑張っている人でもあります。「不器用だな」と切り捨てるのではなく、粘り強く着実に一歩ずつ前に進んでいるという意味で、「地道に頑張っている」と伝えてあげられるといいでしょう。

7

ネガティブをポジティブにかえるほめ方・叱り方

× **約束を守らない**

○ **マイペース**

心配だけど
納期さえ守ってくれれば……

彼は
マイペースな人なんです

※よい例

たとえば誰かが時間に遅れてきたとき、「約束を守らないやつなんです」と言ってしまうと、取引先などは不安になり信用を失ってしまいます。「マイペースなんです」という言い方でその場はフォローしておき、当人に対してはあとで注意しましょう。

163

09 人間関係が丸くなる 大人の言い回し

相手の弱点を発見したとき、ストレートに指摘してしまうと人間関係にヒビが入りかねません。弱点は誰にでもあると受け入れ、相手が不快に思わないような大人の言い回しでフォローできれば、良好な人間関係を築いていけるはずです。

 一貫性がない

 状況をよく見ている

態度や方針をコロコロ変えるのは、自分の考えに自信をもてないという心の弱さの表れです。そんな人に「一貫性がない」ということばはトゲがありますので、「状況をよく見ている」とポジティブなことばに変換してみましょう。

先日はAと言いましたがBでいきましょう

○ 状況をよく見ているから細かく対応できるんですね

× 発言に一貫性がないですね

脇が甘い人

 人の話をよく信じる素直な人

※よい例

騙されやすい、甘いことばにもてあそばされやすい人には「脇が甘い」と言いたくなりますが、「人の話をよく信じる素直な人」ということでもあります。情に厚い性格だと受け入れ、もう少し多角的な見方をするよう助言してあげてください。

 消極的

 堅実で安心できる

※よい例

「消極的だ」という言い方は、「守りに入っていてつまらない」と言っているようなものです。上司や周りの人に対して使うのはよくありません。「堅実で安心できる」という言い回しなら、相手に対する信頼や尊敬の念が伝わります。

見た目の印象をよくする
3つの実践

人とのコミュニケーションは「目から入る印象」も大切な要素です。
表情や態度をブラッシュアップするための練習法などを紹介します。

❶割りばしトレーニング

表情の中でとくに重要なのが、笑顔です。笑顔は相手の警戒心を解く
効果があります。割りばしトレーニングで口角を上げる練習をしましょう。

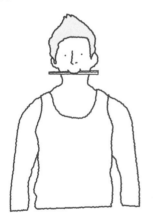

❶割りばしを口にくわえる

割りばしを1分間口にくわえましょう。
噛んだとき口角が上がり、口の形が笑
顔のときと同じ状態になります。

❷マッサージをする

割りばしを取り、口の周りの頬を優しく
マッサージしましょう。顔の緊張を和らげ、
表情を豊かにすることができます。

❷印象をよくする態度

相手に伝えるときは、態度にも気をつけましょう。態度のポイントになるのは目・背・手・足・服・癖の6つです。

目

アイコンタクトをしっかりとる。目は相手のほうにきちんと向ける。

背

背筋をピンと伸ばし、顎を引くことで堂々とした印象を与える。

手

手は後ろに組まない。前で組むときは指を交差させないようにする。

足

膝の後ろを伸ばすように立ち、しっかりと足を大地につける。

服

清潔感・きちんと感・おしゃれ感に気を配る。身だしなみをしっかりとする。

癖

あいづちなどの動作やことばづかいの癖をチェック。周りの人に聞いてみるのもあり。

---

❸オンライン

オンラインツールを使って、自分の話し方や表情を確認しながら練習することができます。画面越しの会話では以下を意識して話すようにしましょう。

発音

強く発音すると同時に、滑舌などに注意してゆっくり話す。キーワードを強調してメリハリよく話すことでより相手に伝わりやくなる。

表情

オンラインの画面には自分の顔が映っている。話しているとき、相手が話しているとき自分がどういう表情をしているのか確認する。

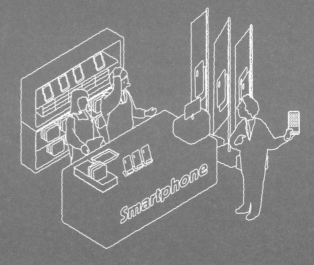

Chapter

8

KOTOBANO
IIKAE
mirudake note

偉そうにならない

メールの書き方

文章だけのコミュニケーションは
意図せずに上から目線で
失礼な印象を与えてしまう
ことがよくあります

ビジネスではメールなどの文字によるコミュニケーションが欠かせなくなっています。メールでは相手の顔が見えないぶん、文章の書き方ひとつで大きく印象が変わり、相手に誤解が生じてしまうこともあります。本章ではメールでとくに気をつけたいことばづかいを紹介します。自分が送ったメール文を見返してみましょう。

01 一方的な押し付けにならないお願いのフレーズ

メールで相手にこちらの意向を伝える場合、それが一方的な押し付けにならないように気をつけましょう。表現を間違えると、高圧的な印象を相手に与えてしまい、こちらの意図が誤解されてしまいます。

✕ ご承知おきください。

◯ ご了承のほどお願い申し上げます。

山田様

お世話になっております。
（株）ミルダケの田中です。

先日お誘いしました
◯月◯日のセミナーですが、
参加費の振込期限は
◯月△日までと
なっていますので、
ご了承のほど
お願い申し上げます。

何卒よろしくお願いいたします。

「承知」だと
「こっちが書いたこと
ちゃんと理解してよ」
って印象になる

「ご承知おきください」は、簡単に言えば「知っておいてください」という意味ですが、一方的に要求を押し付けているニュアンスもあります。「ご了承のほどお願い申し上げます」などと、へりくだったフレーズを使うようにしてください。

〇〇中にご回答いただけますでしょうか。

 **お忙しいところ恐縮ですが、
ご回答をいただけますと幸いです。**

山田様にお仕事の
ご相談でメールいたしました。

弊社の新しいロゴのデザインを
ぜひお願いしたいと考えております。

この件を引き受けて
いただけるかどうか、
明日中にご回答いただけますでしょうか。

明日中に返事って
急すぎるよ！

お願い事をするのに「〇〇中にご回答いただけますでしょうか」と期限を設定するのは、相手に不快感を与える危険性があります。とくに「明日中」などと急なお願いはよくありません。「お忙しい中恐縮です」と相手に配慮した一言も忘れずに。

 〜してください。

 〜していただけますか？

制作をお願いしています、
サンプルについて
ご連絡しました。

〇月〇日の午前中までに
納品してください。

お手数ですが
何卒よろしくお願いいたします。

こっちの都合は
全然聞いてくれ
ないのか……

「してください」は丁寧な表現ですが、命令形です。メールを受け取った側は反感を覚えるかもしれません。同じ内容を伝える場合でも「していただけますか？」と疑問形のフレーズにすれば、相手に与える印象はやわらかいものになります。

02 ストレートな言い方を やわらかくする便利なフレーズ

相手に自分の意思を伝える場合、わかりやすく直接的に言えばいいというものではありません。表情や口調などをともなわないメールの文章の場合、誤解をまねきやすいので、やわらかい表現を心がけましょう。

✕ 内容が薄いのでよくわかりません。

◯ ○○の点はブラッシュアップが 必要かと思います。

山田様

お世話になっております。
（株）ミルダケの田中です。

レポートを拝見しました。

私どもが予想していなかった視点で
まとめていただき、非常に新鮮でした。

そのうえでご相談なのですが、◯
データは今より **A** が多いものが
好ましいと感じました。
次回以降はブラッシュアップが
必要かと思います。

よい部分を
具体的にほめてから
注文をつけよう

先方のミスについて書く場合は、悪いところの指摘だけで終わってはいけません。まず、「新鮮でした」などとよいところを具体的に書きます。そのうえで、「○○はブラッシュアップが必要かと思います」と改善点をやんわりと指摘するのです。

先日もお伝えしましたが、

 説明がわかりづらくて失礼しました。

お問い合わせのメールを
拝見しました。

先日お送りしたメールでも ──✕
お伝えしましたが、
参加にはサイト上での
事前登録が必要です。

お手数ですが
何卒よろしくお願いいたします。

「何度も説明させるな！」って思ってるんだな！

以前回答したことを、同じ人がまた問い合わせてきたときに、「先日もお伝えしましたが」と書くと、相手は「この前の説明でわからなかったのか」と責められているように感じます。「説明がわかりづらく」と詫びれば、不快感を与えません。

 ご理解いただけましたか？

 ご不明な点がございましたら、
なんなりとお問い合わせください。

このぐらいちゃんとわかってるよ！

見積もりにつきまして、
見積書を添付でお送りいたします。

ご注文から約2週間での納品が可能
ですが、注文が集中した場合は
納品まで3週間ほど
期間をいただくことがあります。

ご理解いただけましたでしょうか？ ──✕

メールで書いた内容に関して「ご理解いただけましたか？」と書くと、相手は上から目線で理解力を試されているように感じます。「ご不明な点がございましたら」と書くと、相手はわからないことがある場合、安心して質問できます。

03 相手を焦らせない 上手な催促のフレーズ

メールで催促する場合や、進捗状況を聞く場合、相手に与える印象をやわらかいものにするように心がけてください。強い表現のフレーズを使うと相手が返信しづらくなってしまうので、気をつけないといけません。

 連絡してください。

 **ご連絡をお待ちしております。
ご一報いただけないでしょうか。**

山田様

お世話になっております。
（株）ミルダケの田中です。

先日お願いしました
○○○に関しまして、
まだこちらに届いておりません。

状況をお伺いしたいので、
このメールをご覧になりましたら
ご一報いただけないでしょうか。

何卒よろしくお願いいたします。

相手に好印象を
もたれたいなら
表現はやわらかく
丁寧に

期限が迫っているのに連絡してこない相手に対して「連絡してください」と書くと、必要以上のプレッシャーを与えてしまいます。「ご連絡をお待ちしております」や「ご一報いただけないでしょうか」など、丁寧な表現にすれば、相手も連絡を入れやすくなります。

✕ どんな状況ですか？

◯ いかがなりましたでしょうか？
ご確認いただけますでしょうか？

送ってないって決めつけてるな！

見積書が、本日の時点で
こちらに届いておりません。

◯月◯日での会議で使用するため、
それまでに送っていただけると
助かるのですが、
現在、どんな状況ですか？ ━━✕

何卒よろしくお願いいたします。

メールで進捗状況を聞く場合、「どんな状況ですか？」というフレーズだと、先方を信用していないニュアンスが出てしまいます。「いかがなりましたでしょうか？」と丁寧な表現のフレーズを使えば、やわらかい印象になります。

✕ 教えてください。

◯ 教えていただけませんか。
ご教示いただければ幸いです。

友達じゃないんだからもう少し丁寧なメールにしてよ

先日の打ち合わせでは
資料を貸していただき
助かりました。

資料を宅配便で
返却したいのですが、
どちらに送ればいいですか？

送り先を教えてください。 ━━✕

相手に答えてもらうのに、「教えてください」という命令形はよくありません。「教えていただけませんか」「ご教示いただければ幸いです」など、敬語を使った丁寧な表現を選びましょう。へりくだることで、相手も気持ちよく回答できます。

04 上から目線にならない 感じのよいフレーズ

メール上の何気ない表現が、上から目線な印象を相手に与えてしまうことがあります。相手に質問したり、お願いをしたりするときには、イラっとさせない、感じのよいフレーズを使ってください。

 予算はいくらでやってもらえるのでしょうか？

 ご予算はいかほどでしょうか？

山田様 ✉

お世話になっております。
（株）ミルダケの田中です。

弊社のブランドの
SNSアカウントの運営を
お願いした場合、
月額でのご予算は
いかほどでしょうか？

社内会議での
検討材料にしたいので
お見積もりを
お願いできないでしょうか？

「いくら」は社外の
人に向かって使う
ことばとしては
好ましくない

お金に関することは、言った言わないのトラブルを避ける意味でも記録に残るメールでやりとりをするとよいでしょう。そのうえで、くだけた表現は避けるべきです。お金に関して粗雑な印象を与える可能性もありますので、丁寧な表現を心がけてください。

感心しました。

 **感激しました。**

先日はA社へのプレゼンに
同行していただき、助かりました。

山田さんがプレゼンで見せた、
トークスキルはたいしたものでしたね。
感心しましたよ。 ✕

私も山田さんのように
うまく進められるよう
頑張っていきたいと思います。
今後ともよろしくお願い申し上げます。

> 君より私は
> ベテランなのに
> 上から目線で
> 語るなあ……

「感心しました」という
フレーズには、相手を
上から目線で評価して
いるようなニュアンス
もあります。「感激しま
した」というフレーズ
であれば、上から目線
にはならず、相手に対
するポジティブな評価
をストレートに伝える
ことができます。

 気長にお待ちいただけると幸いです。

 **今しばらくお待ちいただけると幸いです。**

先日は企画を
ご提案いただき、
ありがとうございました。

さっそく社内での会議に
かけたいと思います。
結果が出ましたらご報告いたします。

それまで気長に
お待ちいただけると幸いです。 ✕

> いつまで
> 待たせる
> つもりなん
> だろう……

「気長にお待ちいただ
けると」は、目上の人
へのメールや、ビジネ
スメールでは使うべき
ではありません。相手
を待たせている申し訳
ない状況を理解してい
ないと思われます。「今
しばらく」「もう少々」
などの表現を使いま
しょう。

05 曖昧な文章にならない便利なフレーズ

確定していないことを文章で伝える場合、曖昧な表現になりがちです。曖昧な表現には、「相手に不安を抱かせる」「書き手と読み手の認識にギャップが生まれる」といった問題があるので、表現に工夫をこらしましょう。

× **〜がよいかもしれません。**

○ **〜はいかがでしょうか？**

山田様

お世話になっております。
（株）ミルダケの田中です。

ウェブサイトのデザイン案を
ありがとうございます。

ビジュアルに関しては
A案をベースにして、
文字の配置については
B案を取り入れるというかたちは
いかがでしょうか？

ご検討のほど
よろしくお願いいたします。

「かもしれません」
だと、自信が
感じられないね

こちらの要望を相手に一方的に押し付けないようにと、「〇〇がよいかもしれません」と婉曲的に表現する人がいます。ですが、表現が曖昧だと相手は判断に困ってしまいます。「〇〇はいかがでしょうか？」など、提案のかたちで考えを伝えましょう。

✕ **と思います。**

◯ **する予定です。**

本当に
リリースされる
のかなあ……？

このたびは、
我が社の新サービスに関して
いろいろとご協力をいただき、
ありがとうございました。

新サービスは、たぶん来月には
リリースできるかと思います。 ✕

また、改めてご連絡いたしますので
少々お待ちいただけますと
幸いです。

「来週には新サービスをリリースできると思います」といった表現では、本当に実行されるのかどうか相手は不安を感じることでしょう。「リリースする予定です」のように表現すれば、実現性の高さを相手に理解してもらえます。

✕ **とみられます。**

◯ **見込みです。**

先日は展示会にて
弊社ブースを
ご覧いただき、まことに
ありがとうございました。

自社商品
なんだから
曖昧な情報
を話しちゃダメ

その際にご紹介した新商品○○は、
今冬には市場に出ると
みられていますので ✕
何卒よろしくお願いいたします。

「約200万円の売り上げになるとみられます」のような表現は、自信のない印象を与えてしまいます。「約200万円の売り上げになる見込みです」であれば、曖昧な印象を消したかたちで、だいたいの予測の数値を相手に伝えることができます。

06 日程調整時に使いたいフレーズ

一度に複数の相手に送信できて、きちんと記録が残るメールは、スケジュールの調整のためのツールとして非常に便利です。ただし、的確なフレーズを使わないとコミュニケーションが円滑なものになりません。

 いつにしましょうか？

 来週はいかがでしょうか？

山田様

お世話になっております。
（株）ミルダケの田中です。

ご相談している案件に関して
一度弊社にて打ち合わせを
お願いできないでしょうか。

私どもの都合で恐縮なのですが
来週はいかがでしょうか？

山田様のご都合を
お聞かせいただけますと幸いです。

メールの無駄な
やりとりをなくそう

日程をいつにするか先方に聞いて、相手からの返信でスケジュールを確認してから返事を書くやり方だと何通もメールを往復させないといけません。最初に送るメールの段階で、「来週はいかがでしょうか？」と日程をしぼれば双方の負担を減らせます。

その日は行けません。

 あいにく予定があり伺えません。

「次の打ち合わせは
来週月曜日13時からで」
というご連絡をいただきましたが、
その日は別の用事が入っているので
行けません。

「行けません」って
……敬語ぐらい
使えないのか

火曜日13時からなら
空いてますが、
その日だとどうですか？

何卒よろしくお願いいたします。

相手から提示された日時に先約が入っていたときの返信が「その日は行けません」では、相手への敬意が感じられません。「伺う」という敬語を使ったうえで、残念な気持ちがあることを伝えられる、「あいにく」を使うとよいでしょう。

 明日、伺わせていただきます。

 明日、伺います。

明日14時に
伺わせていただきます。

敬語を
使うのが
下手だよ
ねえ

先日の打ち合わせで
山田さんがおっしゃられていた件を
改善した企画書を
持っていきますので
ご確認のほどお願いいたします。

何卒よろしくお願いいたします。

敬語を使ううえで気をつけたいのは、"二重敬語"です。「伺わせていただきます」のように、ひとつのことばに同じ種類の敬語を重ねて使うことを指します。慇懃無礼な印象や、無知な印象を与えてしまうので、使わないように注意しましょう。

知らないと恥ずかしい敬語のフレーズ

敬語で失敗しがちなのが、「れる」「られる」を使った表現です。別の意味に誤解されてしまったり、二重敬語という誤った表現になってしまうこともあるので、使い方には気をつけましょう。

 企画書を見られましたか？

 ご覧になりましたか？

山田様

お世話になっております。
（株）ミルダケの田中です。

先週の金曜日に
山田様にメールで
企画書をお送りしましたが、
ご覧になりましたか？
弊社の○○をリニューアル
するもので、我々としても力の入った
ものになっています。

お時間がある際に、
ぜひご一読ください。
何卒よろしくお願いいたします。

「見られる」だと
「敬語」「可能」
「受け身」の
どれなのかわからない

「見られる」は見るの敬語として間違ってはいません。ですが、敬語だけでなく、可能（見ることができる）や受け身（誰かに見られる）の意味とも受け取れるので、相手が混乱する可能性もあります。見るの敬語として、「ご覧になる」を使うとよいでしょう。

お越しになられますか？

 お越しになりますか？

○月○日に
新製品の試食会を開催します。

山田社長様も
お越しになられますか？ ← ✕

自信をもっておすすめできる新商品
なのでぜひお食べになられてください。 ✕

何卒よろしくお願い申し上げます。

「社長様」と
「お越しになられる」
「お食べになられる」も
二重敬語だよ

「お越しになられる」は、「お越し」と「なられる」が敬語なので、ひとつのことばに同じ種類の敬語を重ねた、二重敬語という誤った表現です（「お越し」は行くこと、来ることの敬語）。「お越しになる」が敬語として正しい表現になります。

 入られましたか？

 いらっしゃいましたか？

先週の交流会で
名刺交換をさせていただき、
ありがとうございました。

美術に興味を
おもちのことでしたが、
先週は交流会の会場の
隣の美術館に入られましたか？ ← ✕

とても素敵な美術館ですので、
まだでしたら是非お立ち寄りください。

「入られた」？
普通に入館
できたけど？

「入る」の敬語「入られる」も、左ページの「見られる」と同じように、敬語、可能、受け身の3種類の意味で解釈できます。メールを読んだ人が誤解するのを避けるために、敬語としては「いらっしゃる」を使ったほうがよいでしょう。

08 気をつけたい ビジネス用語

使い慣れた専門用語、業界用語はついついメールなどの文章でも使いがちです。ですが、相手によってはまったく意味を理解してもらえないこともあります。意味が通じるかどうかを重視して、ことばを選んでください。

✕ エビデンス

◯ 証拠（議事録・契約書）

山田様

お世話になっております。
（株）ミルダケの田中です。

先ほど出席させていただいた
会議の議事録を、
お手すきの際に
送っていただけないでしょうか。

それをもとに資料を
作成したいと思っております。

お手数をおかけしますが
何卒よろしくお願いいたします。

> エビデンスは
> 根拠となる情報として
> 「メール」「見積書」
> といった意味で
> 使われることも
> あります

「エビデンス」は「証拠」という意味。シーンによりニュアンスが異なり、議事録や契約書などを示します。とはいえ、すべての人が意味を理解しているとはいえません。確実に意味を伝えるために日本語に置きかえたほうがよいでしょう。

プライオリティ

 優先順位

ご提案いただいた件、
承知いたしました。

アジェンダに従って
プライオリティの高いものから
作業を始めて
いきたいと思います。

また改めてご連絡いたします。
引き続き何卒よろしくお願いいたします。

カタカナばっかりで
意味不明だ!

「優先度」「優先順位」を意味する「プライオリティ」はビジネスの世界でよく使われます。ですが、左ページのエビデンスと同じく、人によっては意味が伝わりません。メールで書く場合は、「優先度」または「優先順位」を使うべきです。

 FB

 フィードバック

今回の企画では
FB が非常に重要になると思います。

進捗があるごとに
FB を我々の仕事に
反映させるように努力いたします。

ほかになにかよいご提案があれば
いつでもご連絡ください。

何卒よろしくお願いいたします。

「フィードバック」と
「フェイスブック」の
どっちだ?

専門用語や業界用語のほかに、相手に伝わらない危険性があるのが略語です。たとえば、メール内に「FB」と書いてあったとき、「フェイスブック」とも「フィードバック」とも理解できます。誤解を生まないため略語は使わないでください。

09 相手に伝わる記号と表記の使い方

親しい間柄でのやりとりでは顔文字や絵文字などを使ってコミュニケーションをとる人も多いことでしょう。ですが、ビジネスメールでは顔文字、絵文字は使用するべきではなく、記号の使い方にも注意しないといけません。

× よろしくお願いします(^▽^)/

○ よろしくお願いいたします。

山田様

お世話になっております。
（株）ミルダケの田中です。

我々の共同のプロジェクトが
ついに動き出すことになり
安心いたしました。

ここまでご尽力いただき
山田様には
とても感謝しております。

これから長いお付き合いに
なるかと思いますが、
何卒よろしくお願いいたします。

絵文字や
顔文字を
使っていると
「ふざけてる」
と誤解されます

相手との関係性にもよりますが、基本的にビジネスメールで顔文字や絵文字は使わないほうが無難です。「よろしくお願いします(^▽^)/」と書かれたメールを仕事相手に送ると、真面目に仕事に取り組んでいないような印象を与えてしまいます。

昨日はありがとうございました!!

 昨日はありがとうございました。
（感嘆符を多く使わない）

先日はおいしい食事を
ごちそうしていただき、
大変ありがとうございました!!

貴重なお話もお伺いできて、
大変勉強になりました!!

次の機会には
ぜひお返しをさせてください!!

「！」ばっかりで
大声で叫んでる
みたいだ

「！」「？」といった記号をビジネスメールの文章で使っていいかどうかはケースバイケースで判断します。ふざけた印象や、相手を威圧したり詰問したりしている印象が生まれることもあるので、基本的には使用しないほうがいいでしょう。

 有難う御座います。

 ありがとうございます。
（漢字を多く使わない）

本日はご多忙の中、
お時間をいただき
大変有難う御座いました。

御話の中で頂いた件に関しましては、
こちらで確認の上、早急に回答致します。

ほかに御気付きの事が御座いましたら、
是非お申し付け下さいませ。

漢字ばかりで
読みづらい……

「有難う御座います」はことばとしては間違っていませんが、漢字を多用しているので読みづらいです。「したがって」などの接続詞、「ずいぶん」などの副詞もひらがなで表記したほうが文章が読みやすくなると覚えておいてください。

これだけは気をつけたい
メールの書き方

メールは相手の顔が見えない分、文章によって読み手側に不快な印象を
与えてしまうことがよくあります。最低限気をつけたいポイントを紹介します。

❶送る相手のことをよく考える

一方的に書きたいことを書くのではなく、相手がこれを読んでどう考える
のかを想像しながら文章を書きましょう。件名がわかりづらい、本文が
読みづらい、内容が明確になっていないかなど見直しましょう。

❷長々とした文章にしない

長文のメールは書くのにも時間がかかり、読む側にも大きな負担を与え
てしまいます。改行や要点を箇条書きにして読みやすくしたり、一文一
文が長く無駄な情報を書いたりしていないか確認しましょう。

❸失礼なことばづかいをしない

書き方によっては受け手を誤解させてしまうこともあるので、謙虚な姿勢
を忘れないようにしましょう。敬語の使い方も間違えれば「失礼な人」と
とらえられ、すれ違いが発生する可能性もあります。

正しいメールの書き方

To　　山田太郎 <yamadataro@ △△△ .co.jp>

CC　　suzuki@ △△△ .co.jp

件名　新商品 A の打ち合わせのご相談

株式会社○○　営業部　山田太郎様

お世話になっております。
○○社の斎藤です。

進行中の新商品 A の方向性につきまして、
打ち合わせをさせていただきたく存じます。
よろしければ来週中に行いたいと思っておりますが、
お時間をいただいてもよろしいでしょうか?

以下の日時でご都合のよい日があればご指示ください。

・6 月 22 日(火)　14:00 ～ 17:00
・6 月 24（木）　12:00 ～ 16:00
・6 月 25（金）　13:00 ～ 17:00

お忙しい中大変恐れ入りますが、
何卒よろしくお願い申し上げます。

株式会社○○ 営業部
斎藤良子
〒 102-0072
東京都千代田区飯田橋×‐×‐×
TEL：00(0000)0000
FAX：00(0000)0000
MAIL：saitouyoshiko@ △△△ .co.jp

わかりやすい件名にする

見ただけで内容がわかる件名をつける。

改行して読みやすく

長い 1 行より、短い 2 行にする。適度な 1 行の文字数は 20 ～ 30 文字ほど。

やわらかい表現を使う

お願いをするときなど、「～してください」ではなく、「～していただけますか?」など語尾を疑問形にするとやわらかい印象になる。

選択肢を提示する

選択肢があると依頼事項が明確になり、相手も動きやすくなる。

丁寧な文末に

終わり方が唐突だと失礼な印象を与える。「お忙しい中大変恐縮ですが」など、クッションことばを入れると丁寧になる。

署名をきちんと書く

署名をつけるのが基本。名前や住所、電話・ファックス番号、メールアドレスなどを入れ、相手が自分に連絡が取れるよう配慮する。

主要参考文献

大人なら知っておきたい　モノの言い方サクッとノート
櫻井弘　監修（永岡書店）

相手のイエスを必ず引き出す　モノの伝え方サクッとノート
櫻井弘（永岡書店）

よけいなひと言を好かれるセリフに変える言いかえ図鑑
大野萌子（サンマーク出版）

イラッとされないビジネスメール　正解 不正解
平野友朗　監修（サンクチュアリ出版）

イラスト図解だから秒速で身につく！
大人の語彙力見るだけノート
吉田裕子　監修（宝島社）

一生分の教養が身につく！
大人の語彙力強化ノート
吉田裕子（宝島社）

できる大人のモノの言い方大全
話題の達人倶楽部　編（青春出版社）

できる大人のモノの言い方大全　LEVEL2
話題の達人倶楽部　編（青春出版社）

話し方で損する人　得する人
五百田達成（ディスカヴァー・トゥエンティワン）

好かれる人が絶対しないモノの言い方
渡辺由佳（日本実業出版社）

すぐ身につくネガポ会話術
菅原美千子（幻冬舎ルネッサンス）

編集	柏もも子、細谷健次朗（株式会社 G.B.）
執筆協力	龍田昇、川村彩佳、山本洋子
本文イラスト	本村誠
カバーイラスト	ぷーたく
カバーデザイン	別府拓（Q.design）
本文デザイン	別府拓、深澤祐樹（Q.design）
DTP	G.B. Design House

櫻井 弘（さくらい ひろし）

東京都港区生まれ。（株）櫻井弘話し方研究所代表
取締役社長、（株）話し方研究所顧問。製薬、金融、
サービス、IT関連等の民間企業をはじめ、人事院、
各省庁、自治大学校、JMA（日本能率協会）などに
おいて各種コミュニケーションに関する研修を手がけ、
研修先は2000以上に及ぶ。著書・監修書に『「話
し方」「伝え方」ほど人生を左右する武器はない！』（三
笠書房）、『すぐに使える！できる大人のモノの言い方
ハンドブック』（永岡書店）など。

イラっとさせることばを
好感度120％のセリフに変換！
ことばの言いかえ見るだけノート

2021年8月20日　第1刷発行

著　者　　　櫻井 弘

発行人　　　蓮見清一
発行所　　　株式会社 宝島社
　　　　　　〒102-8388
　　　　　　東京都千代田区一番町25番地
　　　　　　電話　営業：03-3234-4621
　　　　　　　　　編集：03-3239-0928
　　　　　　https://tkj.jp

印刷・製本　サンケイ総合印刷株式会社